2008-2009

# Vendée Globe

## L'incroyable odyssée du tour du monde en solitaire

mer & media

**Éditeur :** Mer & Découverte (département édition de Mer & Media / Rennes)
www.meretdecouverte.com
**Conception et direction éditoriale :** Pierre GIBOIRE
**Suivi éditorial :** Aurélie FEUVRIER
**Direction artistique :** Guillaume VERDON
**Mise en page :** Guillaume VERDON
**Diffusion / distribution :** Hachette-Livre
Imprimé en France
**Photogravure :** André-Paul Audo
**Photos :** Agence DPPI
**ISBN :** 978-2-9534078-0-8


*Dépôt légal en France : mai 2009.*

Photo de couverture : Thierry Martinez / Sea & Co

# Préface

Jamais le Vendée Globe n'aura autant mérité son surnom d'« Éverest des mers » que lors de cette sixième édition 2008-2009. Durant plus de quatre mois, des centaines de millions d'internautes, de téléspectateurs, d'auditeurs de radio ou de lecteurs de la presse, dispersés à travers les cinq continents, ont vibré à l'unisson aux exploits, aux heurs et malheurs de trente « conquérants de l'impossible » lancés à l'assaut de ce sommet marin.

Du massif himalayen, le Vendée Globe a toutes les caractéristiques : l'immensité de l'horizon, le cadre grandiose aux couleurs infinies et changeantes, le but qui s'offre et se dérobe tour à tour, et qu'il faut mériter d'atteindre, la griserie de l'aventure, les difficultés du parcours, la nature à l'état brut, attirante et dangereuse…

Mais la course autour du monde en solitaire n'est pas que cela. S'y ajoutent cette subtile alchimie qui transcende toutes les ressources de l'âme humaine, le rêve, l'émotion, la solidarité, l'abnégation, la ténacité… Le Vendée Globe numéro six a porté tout cela au paroxysme, au cours d'une épreuve aux dimensions d'épopée.

L'exploit, nous l'avons vécu avec la fantastique chevauchée de Michel Desjoyeaux, remontant tous les concurrents après un faux départ, pour faire la course en tête et pulvériser tous les records. Nous avons eu la fantaisie alliée au savoir-faire avec Samantha Davies, le sourire de la course, mêlant une excentricité toute britannique à une technique sans défaut : nous ne sommes pas près d'oublier son rock endiablé sur le pont de son bateau.

Nous avons eu la peur et la solidarité, avec le chavirage de Jean Le Cam et les skippers se détournant de la course pour se porter à son secours. Il y a eu la souffrance et le drame, avec Yann Eliès, mais aussi le rêve, avec ces hommes et ces femmes seuls face aux éléments déchaînés, doublant les trois caps mythiques, assumant pour nous ce que nous ne réaliserons jamais, rendant possible l'inaccessible.

Autant d'images, avec celles aussi de ces trente voiliers se succédant dans le chenal du port des Sables-d'Olonne pour aller se placer sur la ligne de départ, ou celles de ces foules enthousiastes se pressant en pleine nuit le long des côtes vendéennes pour attendre le retour du premier comme du dernier, autant d'images qui resteront dans nos mémoires et dans nos cœurs.

Ce bel album, aussi riche en émotions qu'en images, vous permettra de revivre cette course extraordinaire, page après page, photo après photo, au rythme des palpitations de l'âme et du cœur.

**Philippe de Villiers**
*Président du Conseil général de la Vendée*

# Sommaire

**Préface** 3

**Portfolio Départ** 8

*Chapitre 1 – La descente de l'Atlantique Nord*
**Des drames et des jeux** 16

**Le temps du départ** 18
**Le monstre de Gascogne** 29
**La bataille de l'Atlantique** 37
Les temps forts stratégiques 44
Portrait de Kito de Pavant / ***GROUPE BEL*** *20*
Portrait de Marc Thiercelin / ***DCNS*** *26*
Portrait de Yannick Bestaven / ***AQUARELLE.COM*** *34*
Portrait d'Alex Thomson / ***HUGO BOSS*** *40*

*Chapitre 2 – La descente de l'Atlantique Sud*
**Plongée dans le Sud** 48

**Pour vivre heureux, vivons penchés ?** 50
**Bienvenue dans les quarantièmes** 57
Les temps forts stratégiques 62
Portrait de Jérémie Beyou / ***DELTA DORE*** *52*
Portrait d'Unaï Basurko / ***PAKEA BIZKAIA*** *58*

Chapitre 3 – Océan Indien

## Mers indignes

66

| | |
|---|---|
| Les Kerguelen, funeste escale | 76 |
| Nouveau patron | 83 |
| État d'urgence pour Yann | 87 |
| Les temps forts stratégiques | 96 |
| Portrait de Dominique Wavre / *TEMENOS II* | 70 |
| Portrait de Bernard Stamm / *CHEMINÉES POUJOULAT* | 74 |
| Portrait de Loïck Peyron / *GITANA EIGHTY* | 78 |
| Portrait de Jean-Baptiste Dejeanty / *MAISONNEUVE* | 84 |
| Portrait de Mike Golding / *ECOVER 3* | 88 |
| Portrait de Yann Eliès / *GENERALI* | 92 |


Chapitre 4 – Le Pacifique

## Pacifique ? Une autre fois...

100

| | |
|---|---|
| Un grand désert liquide | 102 |
| Sombres jours de fêtes | 109 |
| Du bienfait des bonifications | 118 |
| Jean Le Cam ne répond plus | 125 |
| Les temps forts stratégiques | 136 |
| Portrait de Sébastien Josse / *BT* | 104 |
| Portrait de Derek Hatfield / *ALGIMOUSS SPIRIT OF CANADA* | 110 |
| Portrait de Jean-Pierre Dick / *PAPREC-VIRBAC 2* | 116 |
| Portrait de Jonny Malbon / *ARTEMIS* | 122 |
| Portrait de Jean Le Cam / *VM MATÉRIAUX* | 126 |
| Portrait de Vincent Riou / *PRB* | 130 |

*Chapitre 5 – La remontée de l'Atlantique*
## Les caprices de l'Atlantique 140

**Vertus du bricolage en mer** 151
**On ne prête qu'aux riches** 157
**Suspense pour le podium** 165
Les temps forts stratégiques 170
Portrait de Roland Jourdain / ***VEOLIA ENVIRONNEMENT*** 144
Portrait de Norbert Sedlacek / ***NAUTICSPORT-KAPSCH*** 148
Portrait de Raphaël Dinelli / ***FONDATION OCÉAN VITAL*** 152
Portrait de Rich Wilson / ***GREAT AMERICAN III*** 158
Portrait de Steve White / ***TOE IN THE WATER*** 162
Portrait d'Arnaud Boissières / ***AKENA VÉRANDAS*** 166

*Chapitre 6 – Les arrivées*
## Happy end 174

**Mich'Monde** 180
**Des parcours et du plaisir à géométrie variable** 187
**Sans quille, mais avec les copains** 198
Les temps forts stratégiques 202
Portrait de Dee Caffari / ***AVIVA*** 178
Portrait de Brian Thompson / ***BAHRAIN TEAM PINDAR*** 182
Portrait de Samantha Davies / ***ROXY*** 188
Portrait de Marc Guillemot / ***SAFRAN*** 192
Portrait d'Armel Le Cléac'h / ***BRIT AIR*** 196
Portrait de Michel Desjoyeaux / ***FONCIA*** 200

Portfolio Arrivée 206

Annexes 214

Le Vendée Globe en chiffres 214
Illustration 60'open 220
Fiches techniques des trente monocoques 222

Historique 226

Vendée Globe 1989-1990 226
Vendée Globe 1992-1993 228
Vendée Globe 1996-1997 230
Vendée Globe 2000-2001 232
Vendée Globe 2004-2005 234

Glossaire 236

Remerciements 238

Paris, 16 septembre 2008. Philippe de Villiers préside la conférence de presse de présentation des skippers devant une centaine de journalistes.

Inauguration et ouverture officielle du village le 18 octobre 2008.

Les trente skippers réunis pour une image façon «photo de classe» de cette sixième édition. La pression commence à monter à quelques jours du départ.

Derniers jours et derniers réglages. Bernard Stamm dans le mât de son *Cheminées Poujoulat*.

Le ponton du Vendée Globe où étaient amarrés les trente monocoques avant le départ. Pendant trois semaines, le public a pu s'approcher au plus près des héros et de leurs fabuleuses montures.

La veille du départ, les trente skippers assistent au dernier briefing météo et sécurité.

Installé sur 15 000 mètres carrés, le village du Vendée Globe va accueillir des centaines de milliers de visiteurs.

Tous les soirs, un spectacle grandiose d'images, sons et lumières était projeté au pied du village du Vendée Globe.

La tour Montparnasse aux couleurs du Vendée Globe! Le PC Course avait pris ses quartiers d'hiver au pied de la plus grande tour d'affaires parisienne.

Durant les trois semaines d'ouverture du village et lors du départ, 1 million 35 milles personnes sont venus aux Sables-d'Olonne. Ils seront 775 milles lors des arrivées.

En trois semaines, près de 750 000 visiteurs ont défilé sur les pontons du Vendée Globe pour admirer les voiliers et faire signer quelques autographes aux skippers.

Les derniers encouragements avant le départ pour Brian Thompson salué par Thomas Coville, sixième de l'édition 2000-2001.

Jonny Malbon, skipper d'*Artemis* au moment de quitter le ponton.

Dernière poignée de main entre Jérémie Beyou et Philippe de Villiers.

Cadeau de la météo. un arc-en-ciel vient saluer les skippers avant leur départ.

Kito de Pavant, skipper de *Groupe Bel*.

PPDA salue Arnaud Boissières.

Même lorsqu'on descend le chenal pour la quatrième fois, comme Marc Thiercelin, l'émotion reste intacte avant de s'élancer pour un tour du monde en solitaire.

Dernier salut de l'organisateur du Vendée Globe à Roland Jourdain, le skipper de *Veolia Environnement*.

Sur la plage ou dans le chenal, le public salue une dernière fois les héros du Vendée Globe.

Quelques jours après l'élection de Barack Obama, un slogan détourné et adressé à tous les concurrents du Vendée Globe.

Jonny Malbon a tout compris. Sans son incroyable public, le Vendée Globe ne serait pas ce qu'il est devenu.

Yann Eliès, skipper de *Generali*, salue la foule une dernière fois.

La sortie du chenal par Dee Caffari, skipper du monocoque *Aviva*.

Dans le chenal, le futur vainqueur est déjà dans sa course. Michel Desjoyeaux est passé en mode «prédateur».

Marc Guillemot partage son bonheur avec la foule venue le saluer. Une communion à nulle autre pareille entre un public et des sportifs de haut niveau.

Par un vent médium et une houle annonciatrice du mauvais temps à venir, les trente solitaires s'alignent à quelques secondes du départ.

Dernières minutes avant de se retrouver seul à bord. Yann Eliès observe l'un de ses préparateurs se jeter à l'eau en combinaison de survie. Il sera récupéré par son bateau d'assistance.

Pendant quelques heures encore, les trente solitaires vivent dans le tourbillon médiatique de cet événement hors norme.

C'est parti pour Sam Davies à bord de son *Roxy*.

Top départ du sixième Vendée Globe. Les 30 monocoques s'alignent sans prendre le risque de se gêner au moment du départ.

*Chapitre 1* – La descente de l'Atlantique Nord

# Des drames et des jeux

Sixième Vendée Globe. Quatre concurrents sont mis KO après quarante-huit heures de course. Le monstre de Gascogne va prélever sa dîme sur les trente impudents partis le défier en plein mois de novembre : un fagot de mâts, des coups à l'estomac et des sourires défigurés en larmes de rage. Mais après le temps des drames vient celui des jeux. À bord de leurs fringantes embarcations, une horde de skippers énervés va tenter les quatre-cents coups dans la bataille de l'Atlantique : partie de cache-cache entre les îles, guerres d'options, et six champions d'échec successivement en tête de cette course-poursuite jusqu'au passage de l'équateur…

**Dimanche 9 novembre, 13 h 02.**

Trente solitaires s'élancent au coup de canon libérateur tiré depuis le bâtiment de la Marine nationale. Devant leurs étraves : un tour du monde !

# Le temps du départ

**DIMANCHE 9 NOVEMBRE.** Depuis les premières lueurs du jour, de longues colonnes processionnaires serpentent vers les jetées et la plage du remblai. Malgré le gris, malgré le froid, la foule est là comme depuis dix-neuf ans, pour entourer les solitaires d'une même ferveur. D'ici à quelques heures, de grands monocoques colorés et high-tech vont défiler dans le chenal. Le temps est automnal, et dehors la mer est déjà formée. Autour des concurrents bientôt assaillis par l'émotion, l'atmosphère est de plomb : tous savent que les premières heures de course seront difficiles dans le golfe de Gascogne, où du gros temps est annoncé. Pourtant, après plusieurs semaines d'attente dans l'atmosphère électrique du village, le besoin de larguer les amarres devient pressant.

Nous sommes à l'aube du sixième Vendée Globe, que d'aucuns prédisent déjà comme une édition exceptionnelle. Ils sont trente à s'attaquer à la grande boucle par les trois caps, à ce concept de course aussi simple à énoncer que difficile à réaliser : en solitaire, sans escale et sans assistance. Trente prétendants. Treize étrangers, deux femmes. De quoi faire exploser d'ores et déjà les statistiques, car jamais l'épreuve lancée en 1989 n'avait réuni un tel plateau.

Ces trente glorieux candidats forment un cortège bigarré où des professionnels formatés pour la gagne côtoient quelques jeunes premiers tout aussi déterminés, où des amateurs éclairés en mal d'aventure vont croiser le fer avec des multirécidivistes obstinés. Depuis toujours, la diversité des profils, des budgets et des ambitions fait l'intérêt et la richesse de l'épreuve. Un monde sépare en effet le benjamin Jean-Baptiste Dejeanty du vétéran américain Rich Wilson ; le Basque Unaï Basurko, embarqué sur l'un des plus vieux bateaux de la flotte, du ténor de la course Michel Desjoyeaux ; ou encore le Sablais Raphaël Dinelli des « petites Anglaises » Samantha Davies et Dee Caffari. Mais un monde va aussi les réunir…

*Nous sommes à l'aube du sixième Vendée Globe, que d'aucuns prédisent déjà comme une édition exceptionnelle.*

Seule et unique occasion pour photographes et cameramen d'immortaliser tous ensemble les trente solitaires avant le départ. Une photo de famille avant le lancement du sixième chapitre de l'histoire du Vendée Globe.

# Kito de Pavant

## *Groupe Bel*

**CHAMPION D'EUROPE DE HOBIE CAT 16,** champion de France de Surprise, vainqueur de la Solitaire du Figaro et de la Transat AG2R, Kito de Pavant, Christophe Fourcault de Pavant pour l'état civil, a découvert la voile sur les Cap Corse que construisait son père dans la maison familiale de Dordogne. Malgré son talent, son charisme, sa gueule d'aventurier, un excellent bateau, un solide sponsor et une famille nombreuse pour combler son bonheur, un petit grain de sable peut parfois enrayer une belle mécanique et plonger le plus heureux des hommes dans le désarroi le plus complet. Kito a pleuré deux fois dans sa vie de marin. La première en arrivant à Cherbourg en août 2002, au terme d'une Solitaire du Figaro remportée avec les tripes. Des larmes de bonheur qui laissaient transparaître son engagement surhumain et son invincible détermination. La pression retombait d'un coup en franchissant la ligne. Lui, le Méditerranéen, plagiste et convoyeur, skipper de charter apprécié pour sa bonne humeur et son accent du Sud, s'imposait dans une course trustée par les professionnels bretons. Un exploit qui méritait bien des larmes. La deuxième fois, c'est en revenant aux Sables-d'Olonne, le jeudi 13 novembre 2008. À bord d'un voilier meurtri. Trois ans d'efforts, de travail acharné et de sacrifices pour démâter le lendemain du départ ! Il partait pour 25 000 milles de course autour du monde avec quatre-vingt-dix jours de nourriture. Il a fait demi-tour après vingt-huit heures et 260 milles au compteur… Un grain de sable, une paille dans le carbone, qui sait ? 2008 n'était pas l'année de Kito. Une année mal entamée par une fracture du péroné en chutant dans son cockpit et qui le prive de la Transat anglaise. Une année au goût amer, et qu'il aura à cœur d'oublier rapidement. Bien que novice du Grand Sud, Kito de Pavant pouvait prétendre jouer les trouble-fêtes. Son talent et son excellent bateau (plan VPLP/Verdier, sister-ship de Safran) laissaient espérer un tout autre scénario.

Sodeb'O
Partenaire du
vendéeglobe
La Vache qui rit
bel
bel
bel
www.
.com

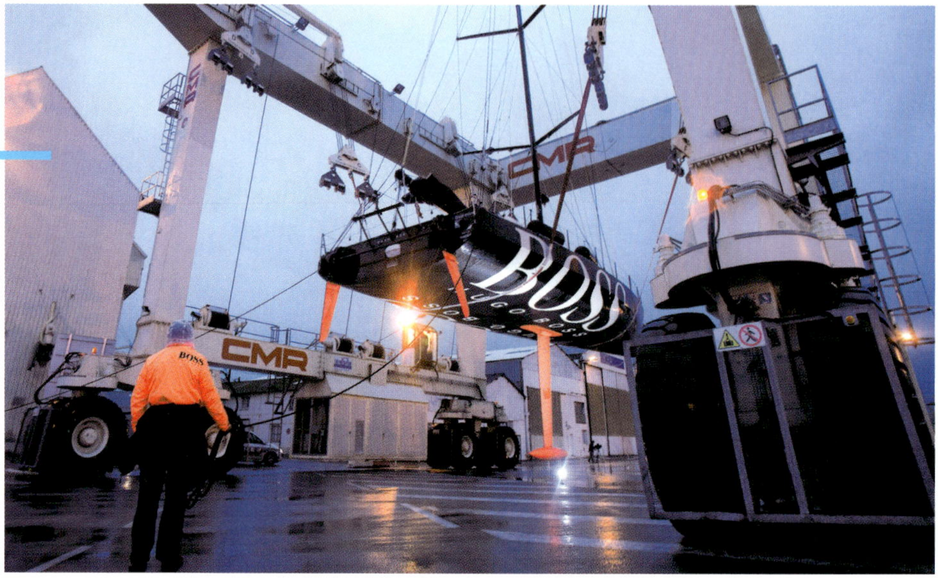


Une opération commando a permis de réparer la coque éventrée d'*Hugo Boss* en moins de deux semaines, à la suite d'une collision avec un bateau de pêche devant le port des Sables.

**Inconnu du grand public, le skipper britannique, très endetté, a reçu le soutien d'un partenaire de dernière minute, l'association caritative Toe in the Water.**

Depuis l'ouverture du village des Sables-d'Olonne le 18 octobre, chacun s'est préparé à sa manière à la grande aventure. Entre les sollicitations médiatiques, les conférences de presse, les briefings de l'organisation, les rendez-vous avec les partenaires et les derniers détails pratiques à organiser sur les bateaux, l'emploi du temps des skippers a pris des allures d'agenda de ministre. Mais les soucis de représentation sont bien les moindres des maux dans ce compte à rebours infernal. Il y a des cas d'urgence à régler pour quelques marins très en retard dans leur préparation. À trois semaines du coup d'envoi, le bateau de Steve White est encore désossé dans un chantier des Sables-d'Olonne. Inconnu du grand public, le skipper britannique, très endetté, a reçu le soutien d'un partenaire de dernière minute, l'association caritative Toe in the Water. Il peut enfin préparer son monocoque et acheter les voiles et l'accastillage qui lui font défaut. Alex Thomson, quant à lui, a joué de malchance. Lors de son convoyage vers Les Sables, un abordage avec un chalutier à l'entrée du chenal a provoqué de gros dégâts sur le flanc tribord de son rutilant bateau noir. À huit jours du départ, son équipe s'est engagée dans une course contre la montre insensée : déquillé, le plan Finot-Conq a reçu les soins d'un commando d'une quinzaine de personnes qui ont travaillé jour et nuit dans un hangar à deux pas du port.

Au sein des équipes les mieux financées et les mieux organisées, les monocoques de 60 pieds, bichonnés depuis des mois, sont en revanche prêts à partir. Les hommes, eux, tentent d'arracher quelques heures à leurs obligations quotidiennes pour profiter de leur famille et entrer dans leur bulle.

Pendant ce temps, sur les quais assaillis de dizaines de milliers de passionnés et dans les bars de La Chaume, on conjecture à tout va. Avec vingt bateaux de nouvelle génération, plus légers, plus puissants et plus rapides, on parle déjà de tour du monde en quatre-vingts jours. Quant à savoir qui décrochera le pompon… Depuis des mois, quelques noms reviennent comme une rengaine : Michel Desjoyeaux et Loïck Peyron, sorte de grand favori à deux têtes. Les deux hommes, il est vrai, cumulent le plus beau palmarès transocéanique du plateau. Ils sont attendus au tournant et sur le podium. Reste une cohorte de marins renommés, d'outsiders prometteurs et de jeunes loups aux dents longues qui ont tout pour faire mentir les pronostiqueurs les plus malins. Sébastien Josse, présence discrète et sereine, fait comprendre d'un regard qu'on peut compter sur lui. Pendant quatre ans, le benjamin de l'édition 2004 est allé se frotter aux méthodes anglo-saxonnes : il en est revenu avec une densité physique et mentale nouvelle. Quid des duellistes de l'édition précédente, Jean Le Cam et le tenant du titre, Vincent Riou ? Les deux compères reviennent, forts des enseignements tirés quatre ans auparavant. Entre eux, l'estime réciproque s'est transformée en une amitié sincère. Et que dire de l'ancien vétérinaire Jean-Pierre Dick, conforté par sa récente victoire en double dans la Barcelona World Race ? Kito de Pavant, lui, promène son expérience, sa faconde et son éternel sourire de baroudeur dans les travées du village, pendant que les jeunes bizuths ambitieux que sont Yann Eliès, Armel Le Cléac'h ou Jérémie Beyou tentent de résister au grand tourbillon. Car prendre le départ du Vendée Globe n'est pas anodin. Il va falloir composer avec les dangers de l'Indien et du Pacifique,

Tout sourire, Vincent Riou et Sébastien Josse en discussion avec Philippe de Villiers à quelques jours du départ.

**Loïck Peyron fait figure de grand favori avec Michel Desjoyeaux.**

louvoyer entre les glaces, faire le gros dos face aux colères de l'océan, apprendre à vivre avec le froid et l'humidité, trouver le bon équilibre entre compétition et sécurité. D'autant que la physionomie de ce plateau exceptionnel renforce les incertitudes de chacun. Les rumeurs de cadences infernales, de régate au contact pendant les presque 25 000 milles du parcours font monter la pression. Où placer le curseur, comment trouver les limites de l'acceptable pour les hommes et le matériel ? Si les seize débutants de ce Vendée Globe s'embarquent pour l'inconnu, quelques circumnavigateurs patentés comme Roland Jourdain, Mike Golding, Bernard Stamm, Dominique Wavre ou Marc Thiercelin ont quelques éléments de réponse. Mais ils ne détiennent pas la vérité. Au moment de s'élancer autour de la planète mer, au moment des ultimes embrassades, des gorges nouées et des derniers regards évocateurs, aucun des trente coureurs ne se doute en tout cas que les premières quarante-huit heures de navigation seront aussi le premier juge de paix de la course…

**Le contingent britannique ne manque pas d'arguments avec pas moins de six bateaux spécialement conçus pour l'épreuve.**

Les Britanniques débarquent en force et gratifient ce sixième Vendée Globe des deux seuls sourires féminins de la course.

Prêts à partir, les monocoques Imoca du Vendée Globe pointent l'étrave vers la sortie de Port-Olona. Ces voiliers surpuissants de 18 mètres de long vont être menés par un seul marin pendant près de trois mois.

# Marc Thiercelin

## *DCNS*

**ENTRÉ À L'ÉCOLE BOULLE** (métiers d'art) dès l'âge de 14 ans, Marc Thiercelin débute tôt une carrière artistique qui le verra successivement exercer les métiers d'illustrateur de mode, de directeur artistique, voire de mannequin occasionnel ! Mais c'est évidemment sa passion pour la mer qui aura très vite le dessus. Pendant quinze ans, il enseigne la voile aux enfants, notamment sur un grand voilier de course de 15 mètres. Plus de 50 000 bambins découvriront ainsi les joies de la navigation. Comme beaucoup, Marc débute de son côté la course au large dans le cadre de la Mini-Transat 91. Une nouvelle vie commence, faite de compétitions, de constructions navales et de course aux sponsors. Il enchaîne les tours du monde, avec pour commencer une remarquable deuxième place derrière Christophe Auguin lors du dramatique Vendée Globe 1996-1997. Deux ans plus tard, il termine à nouveau deuxième d'un tour du monde en solitaire, mais avec escale, derrière l'Italien Giovanni Soldini sur *Around Alone*. Retour au Vendée Globe dès novembre 2000 pour terminer cette fois-ci quatrième. Fort de ses trois tours du monde et de nombreuses transats, Captain Mark – son surnom, tiré d'un jeu de société pour enfants qu'il a inventé – possède l'une des plus importantes expériences de la course au large. Seul regret : aucune de ses nombreuses courses ne s'est soldée par une victoire. Lassé, il dit raccrocher son ciré en 2001, mais revient finalement en 2004 s'aligner à un troisième Vendée Globe consécutif. L'aventure se terminera en Nouvelle-Zélande sur un bateau affaibli par la première moitié du tour. Basta. Fini. Stop. Croit-il. Mais Marc apprend une nouvelle fois qu'il ne faut jamais dire jamais ! Lorsque *DCNS* (ex-direction des constructions navales) lui offre sur un plateau un monocoque flambant neuf et un projet de transmission du savoir, baptisé « Filières du Talent », cela lui rappelle immanquablement ses quinze années d'enseignements. Il rempile. Mais cette quatrième participation consécutive au Vendée Globe – un record codétenu avec Raphaël Dinelli – sera de loin la plus éphémère. Quarante-deux heures après le départ, il démâte au large de La Corogne. À 48 ans, il va pouvoir transmettre sa grande expérience auprès de Christopher Pratt, l'heureux élu des Filières du Talent.

COMPÉTENCES
COURSE
Partenaire du
vendéeglobe

La mer agitée n'a pas découragé la ferveur des spectateurs. Plus de 15 000 supporters ont embarqué sur une centaine de vedettes à passagers.

# Le monstre de Gascogne

**9 NOVEMBRE, 13H02.** « *Trois, deux, un, zéro, top départ… Rappel individuel, rappel individuel, pour Ecover* ». Sylvie Viant, la présidente du Comité de course, vient de libérer une horde trépignante. Trop pressé, Mike Golding a certes « volé » le départ, mais Michel Desjoyeaux, arrêté sur la ligne, a aussi raté le sien, à l'image de ses adieux au ponton. Quelques heures auparavant, *Foncia* avait bien failli s'encastrer en marche arrière sur le quai de Port-Olona, à cause d'une manette d'embrayage récalcitrante. L'excitation du grand départ a généré un peu de précipitation ! À bord de *Bahrain Team Pindar*, c'est aussi la panique. Des équipiers sont toujours à bord alors que le bateau est officiellement en course et que Brian Thompson est censé naviguer en… solitaire. Cette erreur de chronomètre coûtera une pénalité de quatre heures au grand brun jovial armé du bateau le plus puissant de la flotte.

En attendant, dans une brise d'ouest à sud-ouest d'une dizaine de nœuds et une belle houle de deux mètres, la meute est lâchée, prête à se jeter dans la gueule du loup. Après 22 milles de navigation, Sébastien Josse devient le premier leader du Vendée Globe 2008-2009. Au pointage de 16h00, il précède Marc Guillemot, Jean-Pierre Dick, Loïck Peyron et Armel Le Cléac'h. Les conditions sont relativement clémentes en ces premières heures de course, mais la nuit promet un tout autre décor. Les prévisionnistes de Météo France ont annoncé la couleur depuis plusieurs jours déjà : la brise de sud-ouest va se renforcer progressivement. On ne parle pas encore de tempête, mais c'est tout comme.

**On ne parle pas encore de tempête, mais c'est tout comme.**
**La meute est lâchée, prête à se jeter dans la gueule du loup.**

# Demi-tours à la case départ

Premier constat des dégâts sur le bout-dehors pour Bernard Stamm, secondé par Thierry Dubois.

***Le vent atteint les 35 à 40 nœuds. Les rafales sont violentes et les vagues courtes s'élèvent à plus de six mètres.***

Pourtant les premiers retours au stand précèdent le coup de tabac. À 16h45, Dominique Wavre, victime d'un problème électrique, ouvre le bal des éclopés. Heureusement, le règlement du Vendée Globe prévoit que la ligne de départ reste ouverte neuf jours après le coup de canon, permettant ainsi aux concurrents de revenir aux Sables-d'Olonne et de recevoir une assistance. Ils seront neuf à en bénéficier et à se livrer devant les côtes vendéennes à un chassé-croisé incessant qui durera jusqu'au 16 novembre. Le 9 novembre à 22h30, au moment où *Temenos II* quitte les pontons après une réparation express, son compatriote Bernard Stamm arrive dans le chenal. Le navigateur suisse s'est fait une petite frayeur : *Cheminées Poujoulat* est entré en collision avec un cargo. Son bout-dehors a explosé sous la violence du choc. Au port, la solidarité des préparateurs joue à plein, et bientôt un essaim de bonnes volontés gravite autour des monocoques blessés.

Pendant ce temps, sur l'eau, le vent atteint les 35 à 40 nœuds. Les rafales sont violentes et les vagues courtes s'élèvent à plus de six mètres. Le baptême de cette première nuit en mer n'a rien de réjouissant. Or, il ne fait que commencer. Après avoir sensiblement réduit la toile, la plupart des navigateurs parent au plus pressé, entre le mal de mer qui frappe et les calages qu'impose ce premier coup de chien. Inévitablement, la litanie des retours au port reprend.

Le 10 novembre à 9h30, Michel Desjoyeaux annonce qu'il rebrousse chemin. Une fuite dans le capot de ballast a inondé la cale du moteur de *Foncia,* qui ne veut plus démarrer. Sans moteur, pas d'énergie, et sans énergie, pas de tour du monde. Sans le moindre état d'âme, l'équipe des « broken arms » littéralement les « bras cassés », ainsi que se sont nommés les hommes de main du « Professeur » - se met immédiatement au boulot. Jean-Paul Roux, responsable du projet, raconte : *« J'entends la voix de Michel, très claire : "Jean-Paul, j'ai fait demi-tour. " Le timing pour repartir était*

De retour à quai, Michel Desjoyeaux réalise que, malgré sa préparation minutieuse, une petite fuite de ballast va sacrément lui compliquer sa course.

**On savait que le créneau d'un nouveau départ était le lendemain à 5 heures du matin.**

*serré. On savait que le créneau d'un nouveau départ était le lendemain à 5 heures du matin. Alors on se mobilise. On essaie de trouver la société de gardiennage qui fait que l'ami qui doit aller chercher la pièce dont nous avons besoin dans une usine ne se fasse pas bouffer par le chien, etc. ».* Au total, l'escale technique du skipper de *Foncia* durera moins de cinq heures. Entré sous voile à dix nœuds dans le chenal des Sables-d'Olonne à 0h30, il en repartira au petit matin à 5 heures avant que la marée basse ne retienne le bateau au port.

À quelques centaines de milles des Sables, le golfe de Gascogne continue son travail de sape. Cueillie à froid, la flotte encaisse des vents de 50 à 55 nœuds au près, l'allure la plus inconfortable et la plus éprouvante pour ces machines à glisser. Le pont est constamment recouvert par les déferlantes, les monocoques tapent entre chaque vague. Pour supporter ce rodéo infernal, les navigateurs se calfeutrent dans leur habitacle et se cramponnent. Beaucoup avoueront que, non contents de souffrir du mal de mer, ils ont encaissé de méchants coups en valdinguant à l'intérieur du bateau. Dans ces conditions, rester lucide pour choisir sa route relève déjà de l'exploit. C'est pourtant à la faveur du petit recalage tactique avant de doubler le cap Finisterre que Marc Guillemot prend la tête au classement de 5 heures du matin, à l'aube d'une deuxième journée de course émaillée de drames.

# Espoirs et espars déchus

Kito de Pavant et Yannick Bestaven reviennent en même temps aux Sables. Ils partagent le même désespoir et le même sentiment d'impuissance face à l'adversité.

Le 10 novembre à 18 heures, à bord du bateau rouge à l'image de la célèbre vache, on ne rit plus. *Groupe Bel* vient de démâter. Kito de Pavant, ravagé par le chagrin, ne pourra qu'entériner l'inéluctable : « *Je n'écrirai pas un livre sur ce Vendée Globe, il n'aura duré que vingt-huit heures* », témoigne le marin de Montpellier. C'est un des grands outsiders de la course qui s'en va, sur les ruines de plus de deux années de travail et de préparation. Il ne sait pas encore qu'il n'est que le premier de la liste. Presque simultanément, c'est au tour de Yannick Bestaven (*Aquarelle.com*) de perdre son mât. Pour les deux navigateurs, la brutale saute du vent au nord-ouest après le passage du front a été fatale. Surpris par la bascule, certains se sont retrouvés voiles à contre, quille sous le vent et ballast rempli, ou bien propulsés au portant dans une mer de face démontée. Yannick était en train de manœuvrer quand le mât est sorti de son emplanture. Le navigateur rochelais s'était déjà battu bec et ongles pour être présent sur la ligne de départ. À terre, le voici engagé dans un nouveau challenge au goût amer : bataille avec les assurances, dettes à rembourser et nécessité de rebondir. Quelques heures plus tard, Alex Thomson découvre une avarie structurelle importante sur son flamboyant *Hugo Boss*. Choc avec un objet entre deux eaux, défaut de structure suite à la réparation effectuée *in extremis* aux Sables-d'Olonne ? Les experts se perdent en conjectures. Devant l'ampleur des dégâts, Alex est contraint de renoncer. Le lendemain au petit matin, à la sortie du golfe de Gascogne, Marc Thiercelin est le troisième navigateur à voir ses espoirs et son espar tomber. *DCNS*, son plan Finot-Conq, se déroute immédiatement sur La Corogne. Fin de la liste des abandons, mais pas des dégâts techniques.

Troisième concurrent à démâter, Marc Thiercelin rejoint de son côté le port espagnol de La Corogne.

**11 novembre. « En France, c'est l'Armistice, pas en mer, nous avons vécu l'enfer… », résume Jean-Pierre Dick, qui se remet de ses émotions.**

Jean-Baptiste Dejeanty a subi une déferlante qui a endommagé la structure de son bateau tandis que le Canadien Derek Hatfield a cumulé les pépins en tout genre. Pour les deux marins, un retour à la case départ s'impose pour réparer.

11 novembre. *« En France, c'est l'Armistice, pas en mer, nous avons vécu l'enfer… »*, résume Jean-Pierre Dick, qui se remet de ses émotions. Le golfe a fait payer la gabelle au prix fort : neuf retours au port, dont quatre abandons, des favoris distancés. Kito de Pavant, Alex Thomson, Yannick Bestaven et Marc Thiercelin laissent leurs dernières illusions sur les pontons où sont venus les accueillir familles et proches. Mais les mots de réconfort ne sont alors que des baumes dérisoires au regard des rêves anéantis…

Deux jours après le coup d'envoi, ceux qui ont échappé au couperet du golfe de Gascogne peuvent s'estimer heureux. Pour les rescapés, il s'agit avant tout de refaire surface au plus vite, de passer du mode survie à la compétition… et déjà la valse des leaders reprend. Dans les alizés portugais, en route vers Madère, Sébastien Josse, Jean-Pierre Dick, Roland Jourdain et Loïck Peyron prennent tour à tour le contrôle de la course. Le rythme a démarré sur un tempo proche de la Solitaire du Figaro, et beaucoup se demandent comment les retardataires vont pouvoir revenir dans la danse… Aux Sables-d'Olonne, Jean-Baptiste Dejeanty, Derek Hatfield et Bernard Stamm mettent tout en œuvre pour repartir au plus vite : le 13 novembre, le Suisse est le plus prompt à s'élancer. Derek le suivra le lendemain. Quant au benjamin de la course, après quelques moments de doutes et de tergiversations, il larguera finalement les amarres le 16 novembre, sept jours après le départ et deux jours et demi à peine avant la fermeture définitive de la ligne.

# Yannick Bestaven

## *Aquarelle.com*

**QUOI DE PLUS CRUEL** que de s'investir pendant des années, de s'endetter, d'être lâché par un sponsor à trois mois du départ, de se battre jusqu'à la dernière minute, jusqu'au dernier sou pour pouvoir partir et assouvir son rêve de Vendée Globe… et finalement de démâter trente heures après le coup de canon ? Si la ténacité était récompensée, Yannick Bestaven serait champion parmi les champions. L'Arcachonnais d'origine, installé maintenant à La Rochelle, ne lâche jamais rien, sur l'eau comme à terre. Cette détermination à toute épreuve lui a permis de s'imposer sur la Mini-Transat 2001 en remportant les deux étapes entre La Rochelle et Salvador de Bahia (Brésil). Stratège hors pair en mer, Yannick rame à terre pour boucler ses financements. De la Mini-Transat au Vendée Globe, en passant par le Figaro, il n'a jamais disposé d'un budget à la hauteur de son talent. C'est sa faiblesse, son talon d'Achille. Il compense par son charisme, qui mobilise les énergies autour de lui. Ingénieur de formation, il fait ses premières armes aux côtés d'Yves Parlier, autre Arcachonnais, dont il suit régulièrement le sillage. Tous deux ont remporté la Mini-Transat à seize ans d'écart. Ensemble, ils ont gagné la Course de l'Europe. Et c'est encore ensemble qu'ils ont racheté l'ex-*Aquitaine Innovations* d'Yves pour que Yannick s'inscrive au Vendée Globe. Un bateau de légende, le célèbre voilier d'Yves Parlier, Robinson du Vendée Globe, démâté et réparé dans une île néo-zélandaise. Un bateau allégé, optimisé, et sur lequel Yannick veut innover grâce aux énergies renouvelables. Tout à son image. Avec des ingénieurs rochelais, il développe un système d'hydrogénérateur ultra-performant. Mais Yannick n'aura pas eu l'occasion de le valider sur un tour du monde. Ce n'est que partie remise. Dans son malheur, le Rochelais a au moins eu la compensation d'assister le 24 décembre à la naissance de sa deuxième fille, Loïse. Un cadeau de Noël qui peut faire oublier bien des misères…

Prosodie
AQUARELLE.com
la Charente-Maritime

Prévoyant, le Britannique Brian Thompson s'est équipé pour affronter les embruns et pouvoir barrer quelles que soient les conditions.

# La bataille de l'Atlantique

« *U*N PEU DE GLISSADE, *et c'est bien agréable. La femme de ménage est passée dans la véranda ; elle a étendu le linge. La lune éclaire bien les voiles, et c'est une belle nuit à vivre en mer ; quelques cargos, quelques dauphins, un peu de musique... Bref, c'est top ! Comme mes camarades, je me positionne pour passer au mieux Madère.* » Le message d'Arnaud Boissières reflète l'état d'esprit général de la flotte. En premier lieu, retrouver figure humaine, réparer les petits bobos. Mais surtout, il faut déjà reprendre le fil d'une course qu'on avait mise entre parenthèses et gamberger sur les variations tactiques qui vont parsemer cette descente de l'Atlantique Nord au portant dans les alizés.

Madère sera le premier obstacle tangible sur une route parsemée d'archipels à éviter ou à contourner. Aux Canaries, puis au cap Vert, les dévents des îles peuvent provoquer des perturbations jusqu'à des distances considérables. Quelques solitaires en feront les frais pour avoir sous-estimé les effets du relief sous le vent d'une côte. Pour l'heure, la flotte semble partie à la recherche du temps perdu dans le golfe de Gascogne. Et le meilleur moyen de combattre la nostalgie, c'est encore d'aligner des milles à haute vitesse dans des sessions de glisse aussi grisantes qu'éprouvantes. La sortie de route fait partie des risques de ce jeu dangereux. Des gennakers volages, fragiles ou récalcitrants vont donner du fil à retordre à quelques navigateurs. Brian Thompson, qui prend la mesure de son puissant plan Juan K, déchire le sien. Quant à Jean-Pierre Dick, il va passer plusieurs heures éprouvantes à remonter sa voile d'avant, tombée à l'eau suite à une erreur de manœuvre. Écrasé de fatigue, il est victime d'hallucinations… Pas très catholiques : « *Je me suis écroulé et j'ai perdu le fil*

***Le meilleur moyen de combattre la nostalgie, c'est encore d'aligner des milles à haute vitesse…***

Illustration avec Arnaud Boissières, de la puissance des monocoques Imoca et de l'ambiance humide qui peut régner à bord.

Jean-Pierre Dick, vainqueur de trois grandes courses en double et cinquième du précédent Vendée Globe, fait partie des favoris au départ.

*de la course. J'ai même cru que Jésus-Christ m'avait offert un gennaker, qu'Il travaillait à bien le régler, et que j'avançais vite ! Alors que la voile en question était franchement mal réglée et que je n'étais pas sur la bonne route. J'ai perdu 20 milles dans l'histoire.* »

Si les marins puisent dans leurs réserves, c'est que les écarts sont infimes et qu'il faut redoubler d'efforts pour faire marcher les grands monocoques au mieux de leurs capacités. Dans le groupe de tête dirigé par Peyron, Dick, Josse, Le Cam, Riou, Le Cléac'h, Jourdain, Eliès, Guillemot et Beyou jouent des coudes en à peine 72 milles. Dans ce contexte, la moindre faute d'inattention, la plus petite erreur de jugement coûte cher. C'est ainsi que l'option de Marc Guillemot dans l'ouest de l'archipel des Canaries, 50 milles sous le vent de l'île Palma, va se transformer en petit désastre stratégique. Planté à trois nœuds quand ses compères s'envolent à 15 ou 16 nœuds de moyenne, il reste prisonnier des calmes pendant plus de 15 heures. Résultat : 180 milles de perdus et une dégringolade de la neuvième à la quinzième place au classement. La course par élimination continue : après avoir écarté quelques-uns des plus solides candidats à la victoire, elle distribue bons points et mauvaises notes.

Pendant ce temps, Michel Desjoyeaux voit la distance qui le sépare des dix joueurs de tête s'accroître inexorablement. Le 15 novembre, au large de Madère, son retard sur les leaders atteint un sommet de 670 milles. Pour celui qui a (presque) tout gagné dans ce que la course au large recèle d'épreuves en solitaire, cette position de chasseur est quelque peu inédite : « *C'est comme si j'étais dans la voiture de police à la poursuite des voleurs. J'ai un avantage, c'est que je sais à quel carrefour ils sont. L'inconvénient, c'est qu'avec les clients qui sont devant, je doute qu'ils se laissent attraper facilement...* ». À situation nouvelle, nouveau visage. À cet instant de la course, c'est un Michel Desjoyeaux tout en décontraction qui se présente aux vacations et qui chaque nuit s'amuse à écrire des messages pleins d'humour. Michel perce à

**Michel Desjoyeaux voit la distance qui le sépare des dix joueurs de tête s'accroître inexorablement.**

Jérémie Beyou dans la pétole contemple le coucher de soleil. Michel Desjoyeaux, lui, passe le plus clair de son temps devant l'ordinateur pour analyser la météo et affiner sa stratégie de course.

travers le professeur Desjoyeaux, au grand bonheur du public. Dans le top 10 en revanche, la course au dixième de nœud crispe les nerfs des protagonistes. Jérémie Beyou, tiraillé entre le démon de la compétition et le souvenir des événements malheureux de cette première semaine de course, s'interroge : *« Déjà une semaine, intense… Je ne l'ai pas vue passer, et ce matin, je m'en rends compte. Tout me ramène au début de course, au démâtage de Kito. Je me rappelle encore le serrer dans mes bras le matin du départ et lui dire " fais gaffe à toi ". Tout ça, on l'a en tête. Aller le plus vite possible, être lucide pour faire les bons choix, être raisonnable parfois. Penser aux autres et parfois ne penser qu'à soi. Vivre l'aventure à fond et la faire partager. Bientôt les îles du cap Vert : ça vous fait rêver, palmiers, eaux chaudes ? Moi, ça m'angoisse : obstacles et dévents. Tout dépend de quel côté on prend les choses… »* Il n'est pas le seul à être assailli par le doute et le vague à l'âme. À mesure que les jours passent, les bizuths découvrent la difficulté d'une course exigeante. Le coup de blues guette à chaque manœuvre ratée, à chaque classement décevant, à chaque longueur perdue, et n'épargne pas même les vieux briscards.

Au matin du 17 novembre, alors que Jean-Baptiste Dejeanty, fraîchement reparti des Sables-d'Olonne, aligne les milles dans le golfe de Gascogne, les premiers s'apprêtent à aborder les îles volcaniques du Cap-Vert. Dans les méandres de l'archipel, chacun choisit sa voie selon ses convictions : le chemin le plus court, le plus rapide ou celui qui permettra de se placer au mieux pour attaquer le pot au noir. Jean Le Cam est un des rares à contourner l'obstacle par l'est. Cette option, qui lui avait plutôt bien réussi quatre ans auparavant, lui permet de prendre la tête le temps de quelques pointages. Mais tous ses efforts stratégiques seront réduits à néant quelques jours plus tard à cause de quatre pilotes automatiques défaillants. *« Je suis resté quatre à cinq heures arrêté en travers de la piste pour réparer. Je peux vous dire que ça a fumé à bord. Être stoppé à zéro nœud à chercher une panne quand les autres filent à plus de dix nœuds, disons que… ça forge le caractère… »*

# Alex Thomson

## *Hugo Boss*

**ON LE DIT FOUGUEUX,** sans concession pour le matériel. Avec lui, ça passe ou ça casse ! Et malheureusement pour Alex le blond, ça casse souvent, notamment en solitaire, puisqu'il n'a jamais fini une course en solo. Mais ce serait réducteur de se limiter à cet aspect pétulant de son caractère. Fana de vitesse et de glisse en tout genre – kite-surf, wakeboard ou ski sur neige comme sur l'eau – Alex Thomson a le mérite de savoir aller vite. Il détient d'ailleurs, depuis 2003, l'actuel record de distance en vingt-quatre heures en solitaire sur un monocoque Imoca avec 468 milles parcourus (moyenne de 19,5 nœuds !), ainsi qu'en équipage, 501 milles avec l'Australien Andrew Cape lors de la Barcelona World Race 2007-2008. Autre « record » détenu par ce gaillard au physique de rugbyman, celui d'être le plus jeune skipper vainqueur d'une course autour du monde, en l'occurrence la Clipper Race 98-99 en équipage, à l'âge de 25 ans. En 2003, l'acquisition du premier plan Lombard de Roland Jourdain (*Sill*) débute par une deuxième place dans la Transat Jacques Vabre. Mais l'hiver suivant, il est contraint à l'abandon en Afrique du Sud lors de sa première tentative sur le Vendée Globe 2004. Problème de structure. Deux ans plus tard, même histoire, dans la même zone à l'entrée des mers du Sud. Mais cette fois-ci, il doit abandonner son bateau, dont la quille menace de filer par 3 000 mètres de fond. Cela ne refroidit pas les ardeurs du jeune Alex, qui repart l'hiver suivant en double sur une nouvelle machine, avec, à l'arrivée, une belle deuxième place à Barcelone. Enfin récompensé ! Il rêve d'être le premier Britannique à damer le pion aux Français sur le Vendée Globe. Mais en arrivant aux Sables-d'Olonne trois semaines avant le départ, son voilier noir se fait éperonner par un bateau de pêche. Un accident qui aurait pu être dramatique, Alex dormait à l'intérieur : à quelques mètres seulement de la zone d'impact. Pendant les trois semaines précédant le départ, son équipe soutenue, par d'autres concurrents, met tout en œuvre pour réparer au plus vite. Alex Thomson s'élance comme tout le monde le 9 novembre à 13 h 02. Mais dès le lendemain, il doit faire demi-tour. La coque de son bateau part en lambeaux. Rendez-vous en 2012 pour une troisième tentative…

Sodebô
Partenaire du
vendéeglobe
BOSS
VENDÉE
CONSEIL GÉNÉRAL
Alex THOMSON
IMOCA

# Coups de chaud autour du pot

Solide leader, Loïck Peyron assume son statut de favori et mène la flotte à l'entrée du pot au noir.

Aux parages de l'équateur, il fait 30 degrés à l'intérieur des bateaux. Difficile de ventiler les cocons de carbone, véritables étuves qui retiennent prisonnières les effluves nauséabonds des polaires, des t-shirts et des bottes trempés de sueur. L'atmosphère est torride, à l'image de la régate, où chaque manœuvre, chaque initiative pour conserver sa position se voit remise en cause au gré des classements. Et, pour une fois, c'est le peloton de chasse qui va profiter de la situation. Alors que les leaders sont fortement ralentis au sortir du cap Vert, leurs poursuivants bénéficient de conditions nettement plus favorables et rattrapent une grande part de leur retard. De Brian Thompson (*Bahrain Team Pindar*) alors douzième, à Michel Desjoyeaux (*Foncia*), dix-huitième, les écarts avec le premier ont fondu de 100 à 200 milles en moins de vingt-quatre heures. Le pot au noir va t-il encore redistribuer les cartes ?

*« Le pot au noir, j'ai dû le franchir une quinzaine de fois. À vrai dire, on dépense beaucoup d'énergie pour pas grand-chose. Il y a un tel facteur chance qu'intellectuellement, ce n'est finalement pas très intéressant… »* Avec ses sept tours du monde, Dominique Wavre sait de quoi il parle ! Véritable frontière météorologique entre hémisphères Nord et Sud, la « zone de convergence intertropicale » (ZCIT), comme l'appellent les météorologues, se caractérise par des vents erratiques et des grains aussi soudains que violents. La température élevée de la mer et les fortes chaleurs sont un terreau propice à la formation de cumulonimbus puissants : pluies diluviennes, orages, vents indécis peuvent ainsi retenir les navigateurs pendant plus de quarante-huit heures.

Les 19 et 20 novembre, la flotte est donc engluée dans ce périmètre de vents instables. À la vacation, Loïck Peyron, malgré sa position de leader, a la voix lasse et le propos fataliste. Et pourtant… Le skipper de *Gitana Eighty* est le premier à s'extirper des calmes émollients du pot. *« Cent fois sur le métier remets ton ouvrage »* semble être la règle d'or pour les hommes de tête. Le 21 novembre à 22 heures, le Baulois franchit l'équateur après douze jours et presque neuf heures de course. Premier de la flotte à naviguer la tête en bas, Loïck n'oublie pas les traditions : *« Adieu, le Nord, bonjour le Sud. Je viens de saluer Éole et Neptune pour leur demander l'autorisation de passer dans l'autre hémisphère… Ce sont des moments toujours impressionnants, même s'il fait nuit, même si l'on est seul. »*

Les fameux grains et les nuages noirs du pot au noir où le vent peut soudainement monter de zéro à 50 nœuds en quelques secondes. Une zone imprévisible redoutée des marins.

# Atlantique Nord (1)

**La première partie de ce parcours de 24 840 milles est théoriquement jusqu'à l'équateur l'une des plus ouvertes en termes de stratégie pour sortir du golfe de Gascogne, puis pour attraper les alizés et se positionner pour le passage du pot au noir…**

## Front, bascule, alizés

Une fois traversé le violent front froid qui cueillait la flotte le lendemain du départ, puis le vent de sud-ouest montant jusqu'à plus de 50 nœuds, la descente vers l'équateur pouvait commencer… Toutefois, cette mise en jambes musclée avait déjà donné quelques indications sur la manière d'aborder ce tour du monde en solitaire et sur le rythme qui allait prévaloir pendant les premières semaines de course. Ainsi dans les petites bascules de cette traversée est-ouest du golfe de Gascogne, seuls trois concurrents se recalaient vers l'Espagne : Marc Guillemot, qui prenait provisoirement la tête, Samantha Davies et Mike Golding. Le gain n'était certes pas très marqué, mais l'effet psychologique n'était pas négligeable. D'ailleurs, Loïck Peyron en tirait les conclusions dès le lendemain soir en plongeant le premier vers le cap Finisterre, avant même la rotation franche du vent…

Mais ce petit écart latéral au passage de la pointe espagnole n'était pas significatif, et la hiérarchie était loin d'être établie quand les alizés portugais soufflaient de secteur nord en bordure d'anticyclone. Lors de cette phase de vitesse pure sous spinnaker ou grand gennaker, les solitaires se concentraient aussi sur le moment de l'empannage pour parer le passage de l'archipel madérien : après une grande courbe sous les hautes pressions, voilà l'instant du recadrage qui prédéterminait le point de passage à l'équateur ! À ce jeu, les premières divergences apparaissaient avec Vincent Riou et Armel Le Cléac'h à l'extérieur, car les plus à l'ouest, un duo Sébastien Josse et Loïck Peyron au centre, un tandem Marc Guillemot et Dee Caffari qui prenait l'intérieur, tandis que, Arnaud Boissières n'hésitait pas à piquer très tôt sur les Canaries… Ce dernier entraînait dans son sillage le Britannique Jonny Malbon, le Basque Unaï Basurko et l'Américain Rich Wilson, sans que cette option stratégique apporte de bonus ou de malus : ce sera le plus grand écart latéral de cette phase de parcours, avec 350 milles de décalage entre les partisans de l'extrême ouest et les aficionados de l'archipel... Le gros de la flotte avait en effet préféré s'écarter de l'archipel à plus de 250 milles du volcan El Teide (3 718 m), alors que *Safran* flirtait trop avec l'île de Palma, tout comme *Aviva* : le bilan était très lourd dans les dévents des îles, avec plus de 150 milles perdus en une nuit !

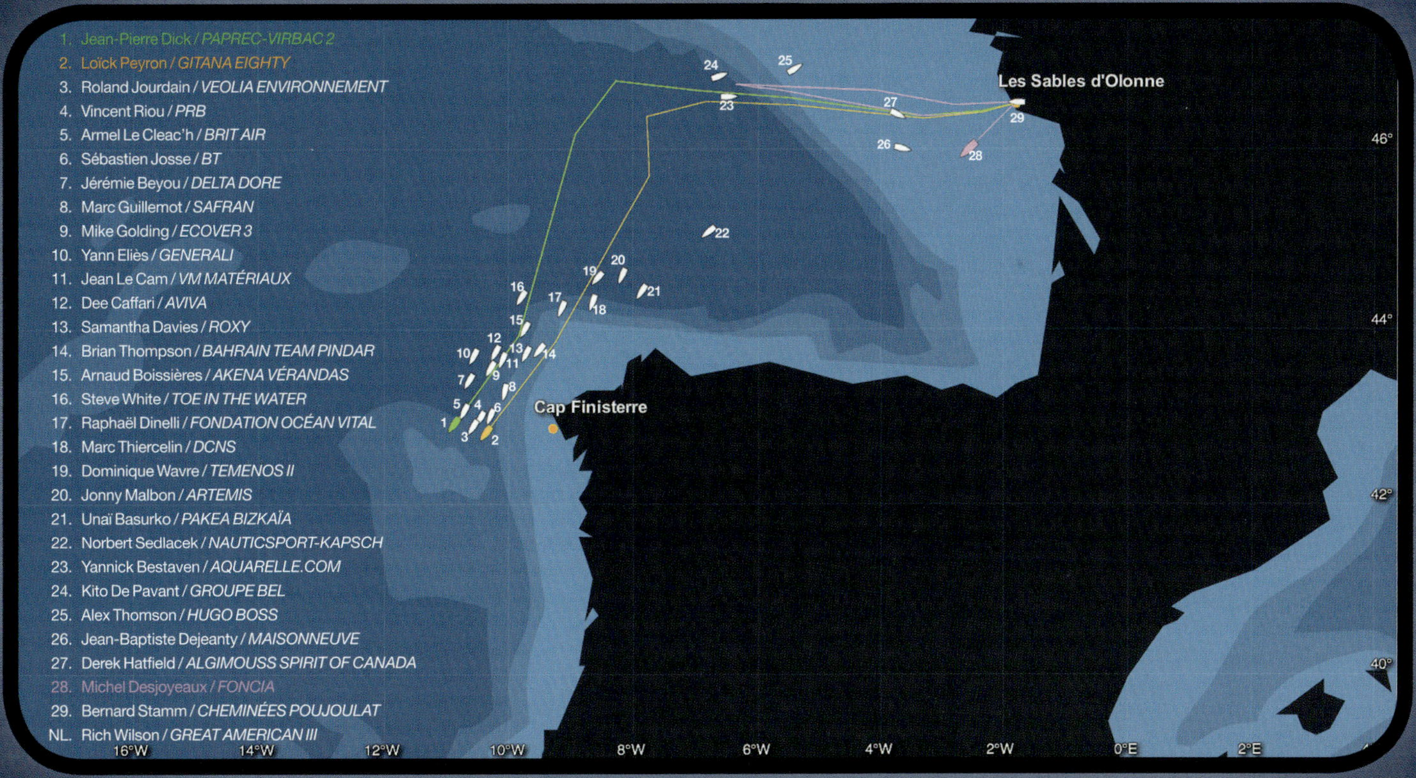


Carte des positions du 11/11/08 à 7 h 00 : à peine deux jours après le départ, les leaders sont au cap Finisterre quand Michel Desjoyeaux repart des Sables-d'Olonne, soit avec 360 milles de retard sur Jean-Pierre Dick.

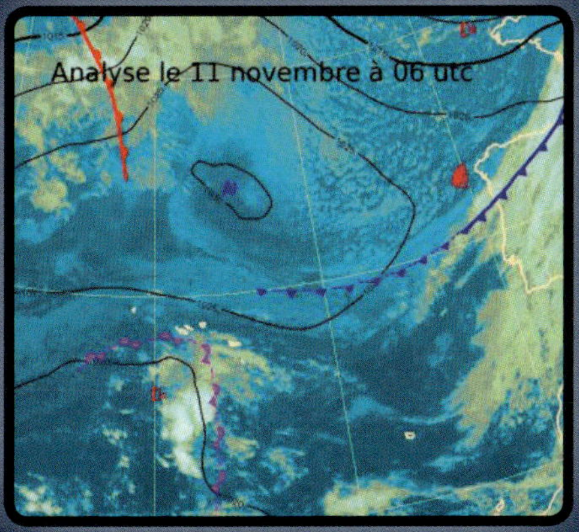


Image météo du 11/11/08 : le front froid qui a laminé la flotte dès le lendemain du départ est en cours de dégénérescence sur la péninsule ibérique et l'anticyclone des Açores se recale au large du Portugal : les alizés vont s'installer sur sa bordure orientale.

Michel Desjoyeaux / *Foncia*

# Atlantique Nord (2)

## Dévents, rupture, compression

Du côté du « top 10 » regroupé en moins de 100 milles, la trajectoire avait dû s'incurver : ceux qui pensaient éviter le cap Vert pour se caler dès les Canaries sur le 25° Ouest en étaient pour leurs frais. Une zone orageuse au milieu de l'Atlantique avait pour effet de rompre le flux des alizés qui s'essoufflaient au large des îles. La trace s'arrondissait pour repiquer en plein dans l'archipel ! Suite à l'effet du dévent des Canaries, le doute s'installait dans les esprits, et la tête de flotte se scindait en trois options : Jean Le Cam choisissait de parer les îles de l'est (Sal et Boa Vista) sur son tribord, Loïck Peyron, leader depuis quatre jours, passait au milieu en laissant l'île Sao Nicolau à bâbord, tandis que son dauphin Sébastien Josse prenait une option similaire, mais en contournant la même île à tribord. Quant aux partisans de l'extérieur (Dick, Riou, Le Cléac'h, Jourdain et Wavre), ils naviguaient à une cinquantaine de milles dans l'ouest de Santo Antao, la plus au large des îles capverdiennes.

Quand le pot au noir pointait devant les étraves, dix jours après le départ des Sables-d'Olonne, il débutait par 7°30 Nord pour s'achever vers le 5° Nord, soit après une grosse journée de bataille entre calmes et cumulonimbus. Loïck Peyron maintenait une position la plus à l'est pendant toute cette traversée, tandis que Roland Jourdain s'était décalé le plus à l'ouest après l'archipel, pour un passage plus facile, mais une route plus longue : le bilan ne lui était favorable que d'une dizaine de milles… Et quand l'équateur fut franchi, ils étaient toujours dix solitaires en moins de 100 milles sans que l'un ou l'autre ait marqué un avantage significatif. Michel Desjoyeaux était quant à lui revenu à 330 milles grâce à un pot au noir nettement moins actif que pour les leaders, soit quasiment le même écart que lors de son deuxième départ des Sables-d'Olonne.

Classement au passage de l'équateur et temps de course depuis le 9 novembre à 13 h 02 :

| | |
|---|---|
| **1-PEYRON LOÏCK** | 12 jours 08 h 58 min |
| **2-JOSSE SÉBASTIEN** | 12 jours 10 h 43 min |
| **3-DICK JEAN-PIERRE** | 12 jours 10 h 58 min |
| **4-RIOU VINCENT** | 12 jours 12 h 28 min |
| **5-LE CLÉAC'H ARMEL** | 12 jours 12 h 54 min |
| **6-ELIÈS YANN** | 12 jours 12 h 58 min |
| **7-JOURDAIN ROLAND** | 12 jours 13 h 06 min |
| **8-GOLDING MIKE** | 12 jours 13 h 50 min |
| **9-BEYOU JÉRÉMIE** | 12 jours 15 h 58 min |
| **10-LE CAM JEAN** | 12 jours 17 h 43 min |
| **11-THOMPSON BRIAN** | 12 jours 22 h 23 min |
| **12-WAVRE DOMINIQUE** | 13 jours 00 h 13 min |
| **13-DAVIES SAMANTHA** | 13 jours 01 h 51 min |
| **14-GUILLEMOT MARC** | 13 jours 03 h 59 min |
| **15-DESJOYEAUX MICHEL** | 13 jours 15 h 41 min |
| **16-CAFFARI DEE** | 13 jours 21 h 53 min |
| **17-BOISSIÈRES ARNAUD** | 13 jours 22 h 38 min |
| **18-WHITE STEVE** | 14 jours 15 h 47 min |
| **19-BASURKO UNAÏ** | 15 jours 00 h 32 min |
| **20-MALBON JONNY** | 15 jours 06 h 42 min |
| **21-WILSON RICH** | 15 jours 14 h 28 min |
| **22-DINELLI RAPHAËL** | 15 jours 15 h 13 min |
| **23-STAMM BERNARD** | 16 jours 04 h 33 min |
| **24-SEDLACEK NORBERT** | 17 jours 14 h 18 min |
| **25-HATFIELD DEREK** | 18 jours 09 h 40 min |
| **26-DEJEANTY JEAN-BAPTISTE** | 18 jours 16 h 58 min |

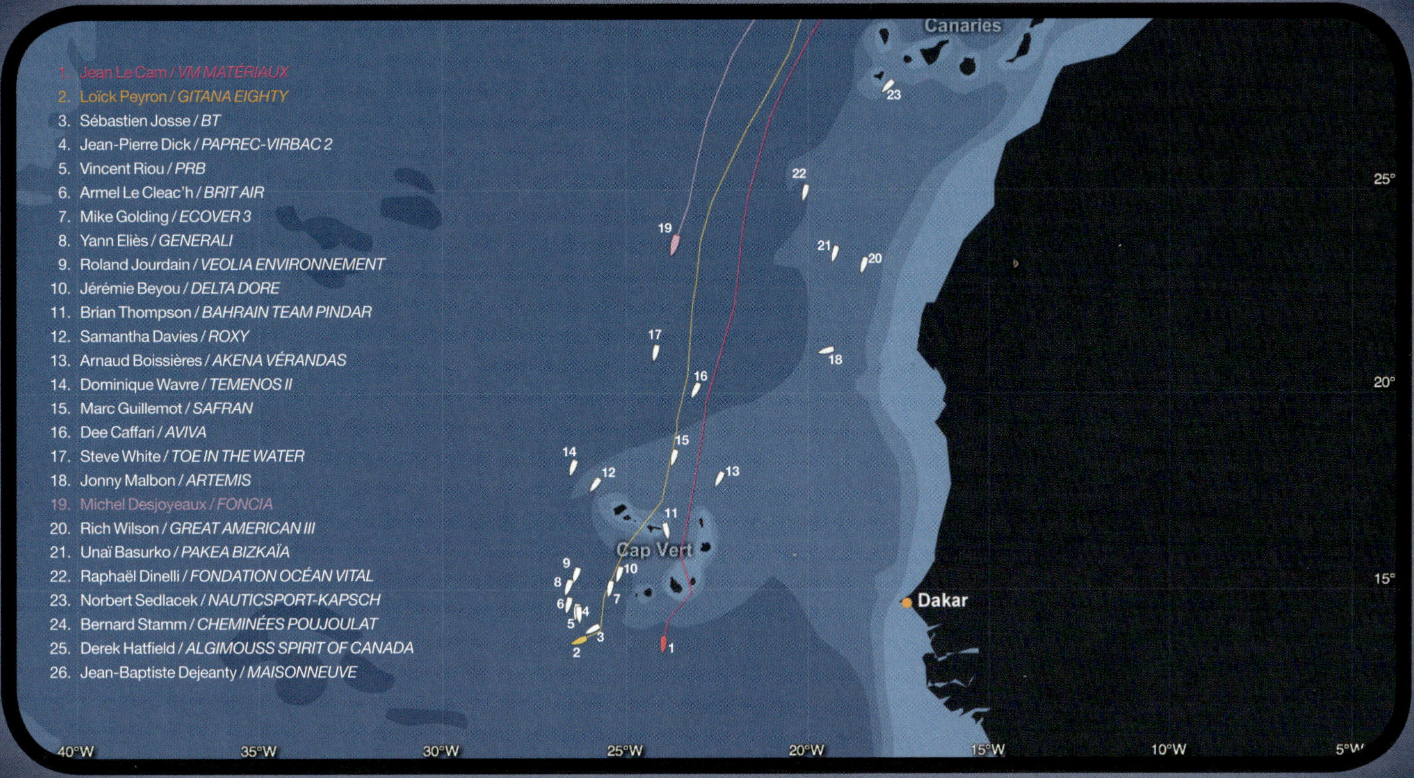


Carte des positions du 17/11/08 à 20 h 00 : pas de réel changement de hiérarchie au passage du Cap Vert car tout le monde se recadre au minimum sur le 26° Ouest à la sortie de l'archipel. Michel Desjoyeaux, qui concède à ce moment plus de 600 milles, passe une journée et demie plus tard, lui aussi au milieu des îles.

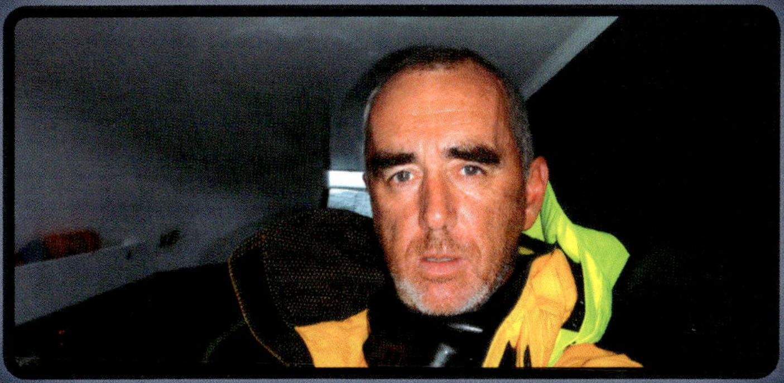

Loïck Peyron / *Gitana Eighty*

Image météo du 17/11/08 : les alizés ne peuvent pas se stabiliser à cause d'une dépression orageuse au milieu de l'Atlantique et d'une zone nuageuse au large du cap Vert. Le rythme s'est nettement adouci après le passage des Canaries… Et le pot au noir est bien en place.

*Chapitre 2* – La descente de l'Atlantique Sud

# Plongée dans le Sud

**Le franchissement de l'équateur invite les solitaires à plonger dans un autre univers : l'hémisphère Sud. Un monde où saisons, anticyclones et dépressions tournent à l'envers. Où l'on s'achemine lentement des moiteurs tropicales vers les rigueurs australes. Dans cette descente en rang serré vers les basses latitudes, les marins vont affronter huit longues journées de près, avant de trouver enfin ce qu'ils sont venus chercher : les grisantes et périlleuses glissades dans les quarantièmes.**

**Premier coucher de soleil dans l'hémisphère Sud…**
En route pour une longue session de près autour de l'anticyclone de Sainte-Hélène avant de ressortir gants et bonnets.

© Samantha Davies, *Roxy*

# Pour vivre heureux, vivons penchés ?

Passage de la ligne. Pas question d'oublier les offrandes à Neptune, aussi modestes soient-elles… Il faut solliciter la bienveillance des éléments et gagner son droit de passage de l'équateur.

**LA BATAILLE DE L'ATLANTIQUE** fait rage. En une douzaine d'heures, ils sont huit à franchir l'équateur. Maître en son royaume, Loïck Peyron met chaque nuit un peu plus de pression sur ses adversaires en grappillant quelques poignées de milles. Happés par l'intensité des débats, ils sont finalement assez peu à honorer Neptune et à se soumettre aux rituels de passage. Sam Davies n'a cependant pas oublié de partager sa petite bouteille de champagne avec les océans et Dee Caffari sa ration personnelle de bonbons Haribo. De son côté, Armel Le Cléac'h s'est souvenu que lors de la Transat B to B, il avait négligé la cérémonie… et démâté quelques jours plus tard. Cette fois, le skipper de *Brit Air* a décidé de ne rien négliger. Roland Jourdain, lui, salue son arrivée dans l'hémisphère Sud par un des calembours dont il a le secret : *« Allez couateur !!! »* Le navigateur quimpérois est content car il n'est plus seul. Au cap Vert, deux grillons se sont posés sur le pont de *Veolia Environnement*. Adoptés et bichonnés, les deux insectes vont faire un bon bout de chemin à bord du bateau rouge et défrayer la « chronique 30 millions d'amis » de la course… jusqu'à leur avis de décès, quelque part dans le Pacifique.

***Roland Jourdain salue son arrivée dans l'hémisphère Sud par un des calembours dont il a le secret.***

Chaleurs tropicales. Ambiance strip-tease à bord des monocoques pour une régate au contact aussi chaud que la température extérieure…

# Jérémie Beyou

## *Delta Dore*

***« DU SEL COULE DANS LEURS VEINES »***, dit-on des marins bretons qui ont appris à marcher sur le pont d'un bateau. Pour Jérémie Beyou, la mer est plus qu'une passion, c'est son environnement naturel depuis son enfance en baie de Morlaix. Optimist, Moth Europe et un premier podium national à l'âge de 18 ans tracent son sillage de régatier en herbe, qui l'amène jusqu'à l'équipe de France. En parallèle de ses études à Sup de Co Brest, il se perfectionne au Pôle France et découvre à 19 ans le Figaro Bénéteau. S'en suit une carrière précoce de coureur au large, soldée dix ans plus tard par le couronnement suprême sur le circuit Figaro. Une victoire sur la Solitaire du Figaro 2005, agrémentée d'un grand chelem sans précédent sur toutes les courses de la saison. Discret mais déterminé, son calme à terre contraste avec son agressivité sur l'eau. Équipier courtisé sur les monocoques et multicoques de 60 pieds, il dévoile rapidement ses talents de stratège. Et convainc son sponsor de lancer la construction de son propre monocoque 60 pieds dans la foulée de sa saison magistrale. Mais sa nouvelle carrière n'est pas à l'image de la précédente. Bien qu'il mette tous les atouts de son côté en construisant suffisamment à l'avance un plan Farr prometteur, les déboires s'enchaînent. L'hiver 2007-2008, Jérémie Beyou démâte dans la Barcelona World Race. Ne sachant pas d'où vient le problème sur son mât hybride, il décide de revenir à un mât classique – une solution éprouvée – pour le Vendée Globe. Qu'elle ne fut donc pas sa surprise, au matin du dimanche 23 novembre, de découvrir deux barres de flèche cassées, sans raison apparente dans son gréement. Terriblement triste, Jérémie Beyou met le clignotant à droite et abandonne à Recif au Brésil. Pour ce régatier méticuleux et perfectionniste, cette avarie est d'autant plus difficile à digérer qu'il avait joué de prudence sur les deux premières semaines de course.

Sodeb'O
VENDEE CONSEIL GENERAL
domtis

# *Une bonne semaine de navigation contre les vents, debout sur les portières !*

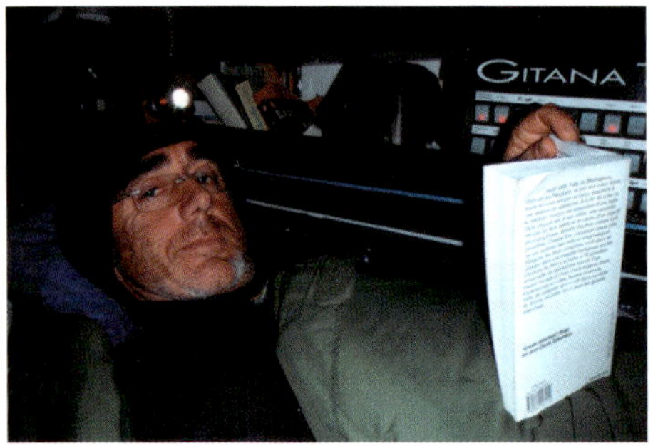


Depuis le passage du pot au noir, les vents sont orientés au sud-est. Dans ces alizés bien ordonnés, les solitaires sont soumis au même régime lancinant : 20 degrés de gîte, clapot de face, extérieur humide, bateau qui tape, tympans en compote. Le temps paraît d'autant plus long que les coups stratégiques sont réduits, pour ne pas dire inexistants. Commence alors une descente monotone, où les navigateurs, transformés en dahus, s'habituent à vivre à flanc de montagne. La position très excentrée et la stabilité de l'anticyclone de Sainte-Hélène n'offrent qu'un bien fade menu aux concurrents : une bonne semaine de navigation contre les vents, debout sur les portières ! Le jeu consiste dès lors à forcer la cadence. *« Peyron, Josse ou Golding qui impriment un rythme très soutenu, et qui attaquent en permanence, me forcent à sortir un peu de ma réserve et à surenchérir avec eux en vitesse et en précision. Personne ne lâche rien. Tout le monde a envie de tester son bateau avant d'entrer dans le Grand Sud. C'est aussi le moment de pousser le matériel, afin que ce qui doit casser le fasse dès maintenant »*, révèle Yann Eliès dans un e-mail prémonitoire. Bien qu'inconfortable, la situation ne présente pas que des inconvénients. La douce température de l'eau permet d'expérimenter le fameux système de la douche d'étrave. Le principe en est simple : se savonner abondamment et intégralement dans le cockpit, puis aller se poster en tenue d'Adam sur le balcon avant pour un programme de rinçage complet aux embruns salés…

Même si ça tape, même si le niveau des décibels ne favorise pas les sommeils réparateurs, les marins les plus expérimentés savent qu'ils vivent là les dernières heures où ils pourront s'octroyer quelques petits plaisirs. Loïck Peyron, qui a sacrifié au sacro-saint principe de légèreté, dévore un à un les quarante bouquins qui ornent la bibliothèque de son plan Farr et avoue même ne pas hésiter à différer une manœuvre de quelques minutes, le temps de terminer un chapitre : *« J'en suis au tome III de* Millenium*… C'est dangereux ces livres-là : on n'arrive pas à les lâcher, mais l'avantage, c'est que ça aère les méninges. »*

À la douche ! Cali et son paréo Vendée Globe. L'eau est encore assez tiède pour permettre quelques agréables douches salées sur le pont…

Pendant que les leaders subissent ce long détour au près sur la lisière d'un anticyclone quasi stationnaire, les poursuivants y voient une opportunité de revenir dans la danse. Michel Desjoyeaux et Bernard Stamm reprennent espoir, tandis qu'aux avant-postes, Mike Golding retrouve la confiance : « *Lors du dernier Vendée, j'avais 800 milles de retard à ce stade de la course. Et pourtant, j'ai réussi à revenir. Tout le monde a donc la possibilité d'en faire autant. C'est bien ! Exactement ce que l'on attendait de ce Vendée Globe, une régate au contact !* » Mais le rythme imposé depuis quinze jours et les nombreuses heures de près fatiguent le matériel et commencent à produire leurs effets : Sam Davies doit bricoler un de ses safrans ; Bernard Stamm est aux prises avec des problèmes de désalinisateur ; Dee Caffari doit réparer son amure de trinquette et Raphaël Dinelli constate que sa drisse de grand-voile s'effiloche. Le navigateur des Sables-d'Olonne envisage puis annule une escale sur l'île de Trindade, au large du Brésil. Ce ne sera pas son unique velléité pour tenter de résoudre ce souci qui l'handicapera jusqu'au bout ! Rien de grave cependant, comparé aux malheurs de Jérémie Beyou. Le 23 novembre au matin, le skipper de *Delta Dore* prend un coup sur la tête. Deux des barres de flèche tribord se sont désolidarisées du mât du bateau et pendent lamentablement. Jérémie se détourne vers le Brésil, mais n'aura pas les moyens de réparer seul sans assistance une avarie majeure dans son gréement. Arrivé à Recife dans la nuit du 25 au 26 novembre, il annonce presque aussitôt son abandon : « *La mer a fait son travail de sape sur le gréement, et le revoir naviguer rapidement et en sécurité m'apparaît à ce jour impossible* [...]. *Devoir me retirer du match dans lequel j'étais si bien installé est un crève-cœur. Le bateau allait bien, le bonhomme aussi. Je peux vous affirmer que mon bateau était en parfait état, parfaitement préparé, jusqu'à cette tuile*. » Jérémie laisse derrière lui un top 10 toujours aussi compact. Peyron, Josse, Dick, Le Cléac'h, Riou, Golding, Eliès, Jourdain et Le Cam, en pleine plongée vers le Sud, se tiennent en 80 milles. En ce 26 novembre 2008, ils ne sont plus que trois solitaires dans l'hémisphère Nord : l'Autrichien Norbert Sedlacek (*Nauticsport-Kapsch*), le Canadien Derek Hatfield (*Algimouss-Spirit of Canada*), ainsi que Jean-Baptiste Dejeanty (*Maisonneuve*).

Coup de barre ! Victime de son gréement, Jérémie Beyou est contraint de jeter l'éponge au Brésil. Il annonce son abandon le 26 novembre.

Jean Le Cam perché sur son espar s'est fait une belle frayeur quand *VM Matériaux* est parti au lof.

# Bienvenue dans les quarantièmes

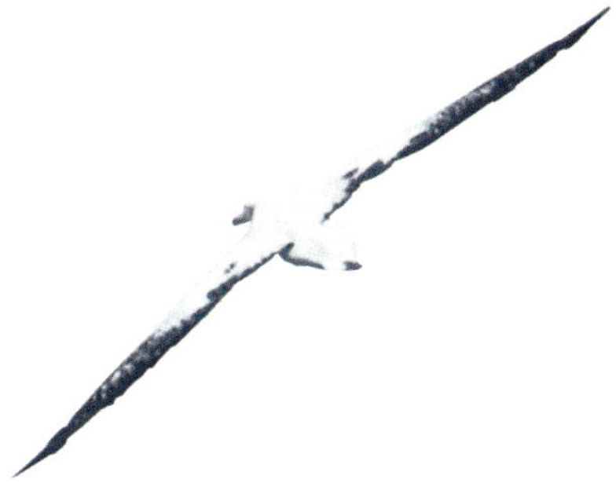

**LE 30 NOVEMBRE,** le groupe de tête peut enfin mettre le clignotant à gauche, direction la pointe de l'Afrique du Sud et la première porte des glaces, un passage obligatoire pour éviter autant que possible la rencontre avec les icebergs. Jean-Pierre Dick est le premier à franchir la latitude symbolique du 40° Sud. Mais si le thermomètre affiche une chute régulière, que bottes et polaires sont ressorties des sacs et que les premiers albatros sont en vue *« des cygnes qui ne trompent pas »,* plaisante Yann Eliès, les quarantièmes ne sont pas encore tout à fait rugissants.

Avant d'envoyer enfin spis et gennakers, les hommes et les bateaux ont dû supporter huit jours de près inconfortables dans les alizés. Dans cette routine, Loïck Peyron a fini par perdre la tête au profit de Sébastien Josse, qui mène le convoi depuis le 27 novembre. Ces longues journées de lutte face aux éléments, sans grande manœuvre stratégique à l'horizon, sont finalement l'occasion de se mettre dans le bain. Il y a bien eu quelques petites velléités tactiques, comme celles de Jean Le Cam ou de Yann Eliès de tailler légèrement dans la bordure de l'anticyclone de Sainte-Hélène, ou comme le bord prolongé un peu plus sud de Sébastien Josse ou de Loïck Peyron. Mais cette approche des latitudes hostiles permet surtout de se préparer à affronter le grand méchant Sud. Les marins font consciencieusement le tour du propriétaire pour examiner le matériel et se livrer à quelques grimpettes dans le mât pour vérifier drisses et points d'ancrage… C'est ainsi que Jean Le Cam, perché sur son espar s'est fait une belle frayeur quand *VM Matériaux* est parti au lof : *« Ça, je ne l'avais pas fait encore […]. Quel crétin ! Je me suis dit, tu n'es vraiment qu'un branleur, Le Cam… »*

Au moment d'attraper le flux perturbé qui sévit dans les basses latitudes, les leaders se sont engagés dans une bataille d'empannages au

# Unaï Basurko

## *Pakea Bizkaia*

**POUR LE BASQUE UNAÏ BASURKO,** le tour du monde en solitaire s'est transformé en un aller-retour sur l'Atlantique, du nord au sud, comme un voyage intérieur, une aventure personnelle. Victime d'une avarie de safran tribord à l'entrée des mers du Sud, Unaï annonce son abandon. Mais plutôt que de rejoindre Le Cap, en Afrique du Sud, pour réparer, il décide de rentrer par ses propres moyens. Original ! Près d'un mois plus tard, il accoste dans son port d'attache, Getxo-Bilbao, où il est accueilli en héros. C'est de là qu'était partie et revenue la Velux 5 Oceans, tour du monde en solitaire avec escales qu'il a terminé à la troisième place en 2007. Un triomphe pour l'enfant du pays, l'un des seuls navigateurs espagnols de courses au large. C'est justement l'un des rares autres navigateurs espagnols, José Luis de Ugarte, sixième du Vendée Globe 1992-1993, qui lui a mis le pied à l'étrier, l'a conseillé et encouragé. Son diplôme de droit en poche, Basurko est parti vivre en Australie. Sa rencontre avec Kanga Birtles marquera un nouveau tournant dans sa carrière. Les deux hommes remportent la Trans-Tasman Race. Et c'est à Kanga qu'Unaï confie la construction de son nouveau 60 pieds Imoca, dessiné par un trio australien réputé aux antipodes. Avant cela, le Basque s'essaye au circuit Figaro. Sans résultat. C'est donc en 60 pieds qu'il acquiert une véritable notoriété dans son pays. Mais en dehors de la Velux 5 Oceans, les résultats ne suivent pas non plus en 60 pieds. Discret, le Basque de 35 ans a peu communiqué pendant son premier mois de course. Restent de son aventure dans le Vendée Globe quelques vidéos où les mots sont comptés, quand ce ne sont pas de simples films muets montrant Unaï se rasant, mangeant ou manœuvrant dans son cockpit, sans fioritures, à l'image du skipper.

26
Pakea Bizkaia

Au contact !
Après vingt jours de mer, les tandems *Paprec-Virbac 2/PRB* et *Veolia Environnement/VM Matériaux* naviguent à vue et croisent l'étrave à quelques longueurs les uns des autres.

corps à corps. Et le mot n'est pas trop fort ! Dans les vidéos expédiées quotidiennement par les coureurs, les observateurs médusés vont assister à quelques scènes surréalistes où le skipper de *PRB* prend la barre pour éviter une collision avec *Paprec-Virbac 2* ; où Jean Le Cam commente l'empannage de son copain « Bilou » à quelques mètres de lui. « *C'est barjot,* note alors Vincent Riou, *qui aurait pu croire qu'après vingt jours de mer, on serait encore bord à bord ?* » Pas grand monde. Côté classement, Sébastien Josse et Yann Eliès se relayent aux avant-postes du même groupe des neuf ou dix monocoques qui composent depuis le départ le peloton de tête.
En filigrane, les chroniques ordinaires des petites contrariétés continuent d'alimenter les vacations du PC parisien : la collision d'*Artemis* avec un cétacé ; la blessure au genou de Dee Caffari ; la bagarre de Loïck Peyron avec son gennaker enroulé autour de la quille de *Gitana Eighty*... Toutefois, les prétendants au palmarès ne délivrent ce genre d'information qu'avec parcimonie. Les vacations qui font salle comble sur le parvis de la tour Maine-Montparnasse ne suscitent pas seulement l'intérêt du grand public. En coulisse, parmi les équipes, quelques « grandes oreilles » relèvent avec soin les défaillances de la concurrence. Dans ce travail d'espionnage à l'ombre des bureaux, le team Foncia n'est pas en reste et se frotte les mains. Le 3 décembre, *Foncia* fait une entrée fracassante dans le top 10, une performance que d'aucuns jugeaient impossible après le retard accusé par Foncia vingt jours plus tôt. L'homme fort de la planète solitaire, qui semble avoir gagné en sérénité et en assurance, conserve le ton léger et désinvolte révélé dans ses messages quotidiens : « *Tiens, ce attin, je laisse la version "première frappe à froid", qu'y vient ce que ça donne quand le cla-*

**Le 3 décembre, Foncia fait une entrée fracassante dans le top 10...**

**C'est le premier coup de vent des quarantièmes et les premiers flirts avec la houle désordonnée annonciatrice de l'Indien.**

*vier gigote tout seul sous nos doights gourds, et qu'il commece à faire froid, un peu, et que la dacstylo faai la geule parce que ya plu de kfé à a machine. Bonne journée, n'oubliez as la sieste. Mich desj, kabiendormi...* ».

Pour autant, la course ne s'apparente pas toujours à une partie de plaisir. Le 4 décembre au matin, elle fait même une nouvelle victime. Le Basque Unaï Basurko constate une avarie de boîte de safran qui le contraindra à l'abandon. Jusque-là, le skipper de *Pakea Bizkaia* avait réalisé un parcours atypique. Son trajet de retour jusqu'au Pays basque sera conforme à son esprit original. Il rebroussera chemin pour remonter lentement l'Atlantique pratiquement sans s'arrêter, jusqu'au 17 janvier, date de son arrivée acclamée à Getxo.

En tête, les concurrents entrent dans le dur juste après le passage de la première porte des glaces. Dans la nuit du 4 au 5 décembre, le vent de nord-ouest grimpe sur l'échelle de Beaufort pour atteindre les 40 nœuds. C'est le premier coup de vent des quarantièmes et les premiers flirts avec la houle désordonnée, annonciatrice de l'Indien. Dans les surfs, les monocoques ne tardent pas à renouer avec les grandes vitesses à l'image de *Foncia*, flashé à 30,44 nœuds... sous pilote. Record maison ! Pour les bizuths, la transition n'est pas facile à vivre. Ces premières journées dans le Grand Sud sonnent l'alarme : il va falloir prendre ses marques. « *On sent qu'on rentre dans un monde différent. La mer lève plus vite, les conditions sont nouvelles. Trouver le bon compromis demande du temps* », avouera plus tard Armel Le Cléac'h. Placer le curseur au bon endroit demande la même dextérité. D'autant qu'aux portes de l'océan Indien, les écarts sont toujours infimes entre les leaders. Pourtant, les mers du Sud vont finir par briser ce bel ordonnancement.

Porte à porte.
La première des sept portes de sécurité des glaces est franchie bien avant Bonne-Espérance. Les icebergs sont laissés à tribord !

Bienvenue Michel...
L'incroyable remontée de Desjoyeaux est couronnée le 3 décembre par une arrivée dans le top 10. L'ascension de *Foncia* ne fait que commencer...

*Hasta la vista* Unaï !
Le skipper basque, victime de ses safrans, tire sa révérence en Atlantique et fait demi-tour vers la maison.

# Atlantique Sud (1)

**Habituellement, à la sortie du pot au noir, les bateaux positionnés les plus à l'est peuvent raccourcir leur trajectoire quand l'anticyclone est situé sur Sainte-Hélène, et le tracé est normalement une lente courbe vers le cap de Bonne-Espérance.**

## Une longue descente

La première partie de l'Atlantique laissait imaginer que les dix premiers n'allaient pas se quitter d'une étrave, car ils progressaient pratiquement à la même vitesse. Quelles que soient les conditions météorologiques : les écarts stratégiques n'étaient plus à l'ordre du jour jusqu'au Grand Sud, d'autant plus que les hautes pressions n'étaient pas à leur place habituelle, mais nettement plus dans le sud-ouest de Sainte-Hélène ! De plus, les écarts latéraux au passage de l'équateur étaient ridiculement réduits : 80 milles entre Loïck Peyron à l'est et Roland Jourdain à l'ouest… Dans des alizés de secteur sud-est, l'entrée dans l'hémisphère Sud s'effectuait donc au près légèrement débridé en attendant que le vent tourne vers l'est… Et les retardataires, à l'image de Michel Desjoyeaux, pouvaient même se décaler plus près du Brésil sur le 30° ouest afin d'allonger la foulée par l'extérieur. Et au bout de six jours à planter les étraves dans une mer assez courte, très désagréable à négocier, avec des vents instables en force, des passages nuageux et des molles, la lassitude commençait à poindre dans les esprits car, par déjà 30° Sud, il n'y avait toujours pas de changement : impossible de faire route directe vers le cap de Bonne-Espérance ! Dans un moment d'instabilité météo, Jean-Pierre Dick et Mike Golding allaient même jusqu'à virer de bord pour quelques heures, mais ça ne passait pas…

Il a fallu patienter encore deux jours de plus pour que le virage à 90° soit possible, sur le 38° Sud, en bordure d'anticyclone. Et ceux qui tentaient le diable comme Jean Le Cam en essayant de couper le fromage trop tôt, s'en mordaient les doigts, tandis que très à l'ouest, Michel Desjoyeaux avait pu recoller au groupe de tête. Et si le vent de sud-est laissait place à une brise de secteur nord-ouest, puis ouest, cela était dû à un repositionnement plus normal de l'anticyclone de Sainte-Hélène. Un changement météorologique profond qui redonnait des ailes aux solitaires repartis avec un gros retard, tels Bernard Stamm ou Jean-Baptiste Dejeanty, qui pouvaient raccourcir leur route dès les îles de Trindade. En revanche, pour Samantha Davies, le passage des hautes pressions aux perturbations des quarantièmes la retenait dans des calmes qui lui faisaient perdre plus de 200 milles en deux jours ! L'objectif était désormais de viser la première porte des glaces, placée dans le sud-ouest de l'Afrique du Sud. Car les icebergs et leurs growlers étaient repérés très haut en latitude cet automne.

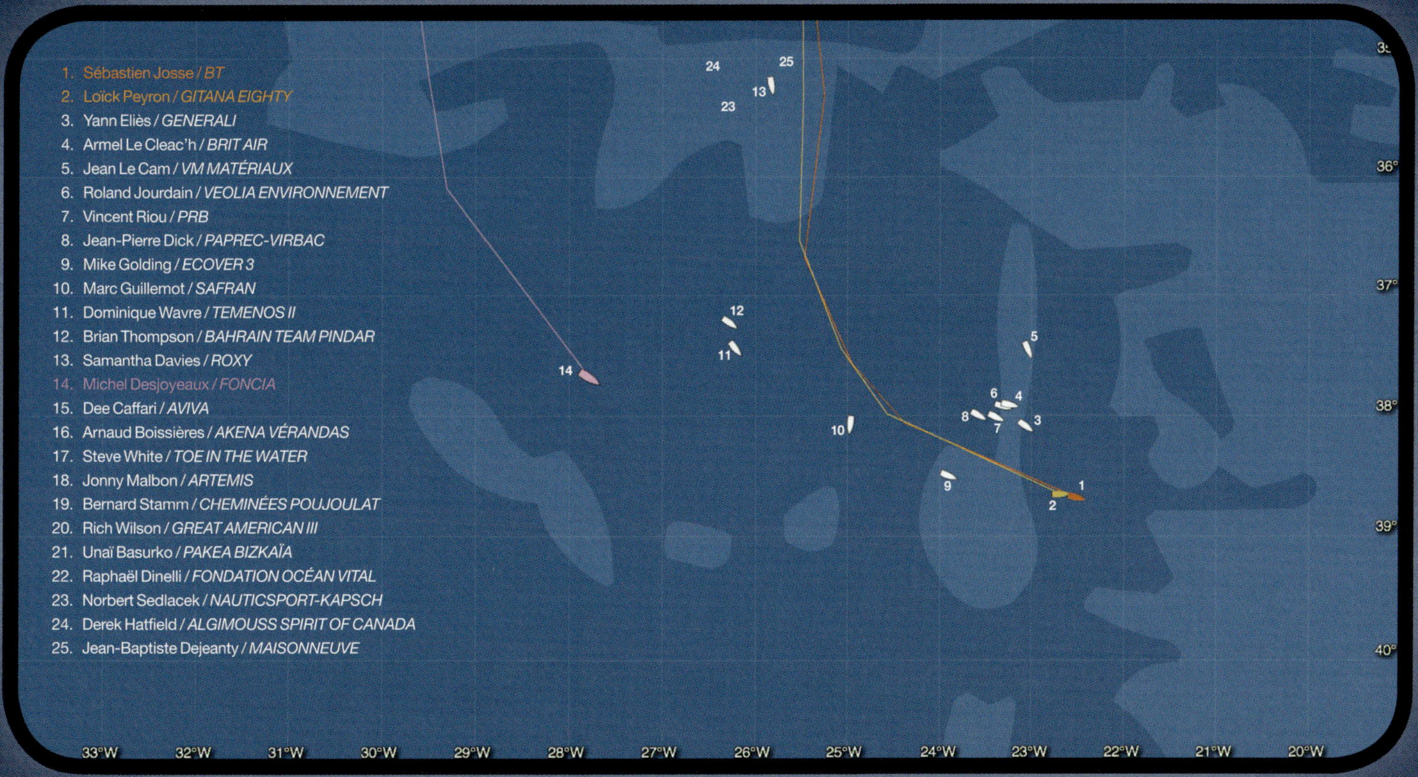


Carte des positions du 30/11/08 à 5 h 00 : enfin, après huit jours sur le même bord, les hautes pressions se déplacent et permettent de faire route vers l'est : Sébastien Josse navigue de conserve avec Loïck Peyron, mais les dix premiers sont toujours dans un mouchoir de poche !

Image météo du 30/11/08 : la situation météo bouge enfin sur l'Atlantique Sud : l'anticyclone se décale vers Sainte-Hélène et une dépression orageuse se forme sur Rio de Janeiro. Bernard Stamm et Jean-Baptiste Dejeanty vont en profiter pour raccourcir leur route vers Bonne-Espérance.

Sebastien Josse / *BT*

# Atlantique Sud (2)

## Une porte très ouverte

Déjà dans les quarantièmes, les leaders borduraient l'anticyclone avec des dépressions qui filaient dans leur Sud : il fallait jouer les bascules en gérant bien les empannages avant de toucher un flux plus régulier et plus soutenu d'ouest. Le tempo commençait enfin à sérieusement s'accélérer, et à ce jeu, Michel Desjoyeaux était redoutablement efficace ! *Foncia* entrait dans le top ten avec seulement 200 milles d'écart sur le premier, avant même de franchir la première porte… Là encore, peu d'initiatives tactiques possibles, si ce n'est profiter de chaque rotation du vent portant (Mike Golding) ou privilégier les longs bords pour se positionner plus au sud (Jean-Pierre Dick). D'ailleurs, après cette porte, et alors que la seconde (Kerguelen) avait été remontée vers le nord, la flotte partait en éventail avec Armel Le Cléac'h et Loïck Peyron en pointe sur le 41° Sud, alors que Jean-Pierre Dick suivi par Mike Golding était déjà sur le 46° sud. Soit 300 milles d'écart latéral : l'un des plus importants des mers du Sud !

Mais l'effet fut très éphémère : au passage de la longitude du cap de Bonne-Espérance, tous se recadraient près de l'orthodromie, car il faut souligner que la distance entre les extrémités des deux portes était réduite à 700 milles… Douze solitaires franchissaient ce premier cap mythique avec douze heures d'écart seulement ! L'Atlantique n'avait fait que trier parmi les nouveaux prototypes, car les premiers « anciens » étaient déjà relégués à plus de 500 milles. Quant à ceux qui étaient repartis des Sables-d'Olonne, Michel Desjoyeaux ne concédait plus que cinq heures sur le leader Sébastien Josse, soit trente-six heures de gagnées en un peu moins de six semaines. Et pour Bernard Stamm, le premier n'était plus qu'à 550 milles, alors qu'il avait 950 milles de retard aux Sables, et Jean-Baptiste Dejeanty avait rattrapé plus de 800 milles…

Classement au passage du cap de Bonne-Espérance et temps de course depuis le 9 novembre à 13 h 02 :

| | |
|---|---|
| **1-JOSSE SÉBASTIEN** | 26 jours 19 h 38 min |
| **2-ELIÈS YANN** | 26 jours 20 h 48 min |
| **3-PEYRON LOÏCK** | 26 jours 21 h 26 min |
| **4-DICK JEAN-PIERRE** | 26 jours 22 h 25 min |
| **5-JOURDAIN ROLAND** | 26 jours 22 h 48 min |
| **6-LE CAM JEAN** | 26 jours 23 h 26 min |
| **7-LE CLÉAC'H ARMEL** | 27 jours 00 h 12 min |
| **8-DESJOYEAUX MICHEL** | 27 jours 00 h 34 min |
| **9-GOLDING MIKE** | 27 jours 00 h 37 min |
| **10-RIOU VINCENT** | 27 jours 00 h 44 min |
| **11-GUILLEMOT MARC** | 27 jours 06 h 08 min |
| **12-WAVRE DOMINIQUE** | 27 jours 07 h 38 min |
| **13-THOMPSON BRIAN** | 27 jours 23 h 33 min |
| **14-DAVIES SAMANTHA** | 28 jours 05 h 28 min |
| **15-STAMM BERNARD** | 28 jours 09 h 23 min |
| **16-CAFFARI DEE** | 28 jours 19 h 43 min |
| **17-BOISSIÈRES ARNAUD** | 28 jours 21 h 25 min |
| **18-WHITE STEVE** | 29 jours 06 h 47 min |
| **19-MALBON JONNY** | 29 jours 16 h 26 min |
| **20-WILSON RICH** | 30 jours 16 h 58 min |
| **21-DEJEANTY JEAN-BAPTISTE** | 31 jours 10 h 42 min |
| **22-HATFIELD DEREK** | 32 jours 09 h 38 min |
| **23-DINELLI RAPHAËL** | 34 jours 09 h 10 min |
| **24-SEDLACEK NORBERT** | 34 jours 17 h 33 min |

Carte des positions du 06/12/08 à 5 h 00 : une des rares opportunités de décalage latéral : au passage du cap de Bonne-Espérance, certains privilégient une route nord pour éviter le gros des dépressions (Le Cléac'h, Peyron) tandis que d'autres n'ont pas peur de flirter avec les glaces (Dick, Golding).

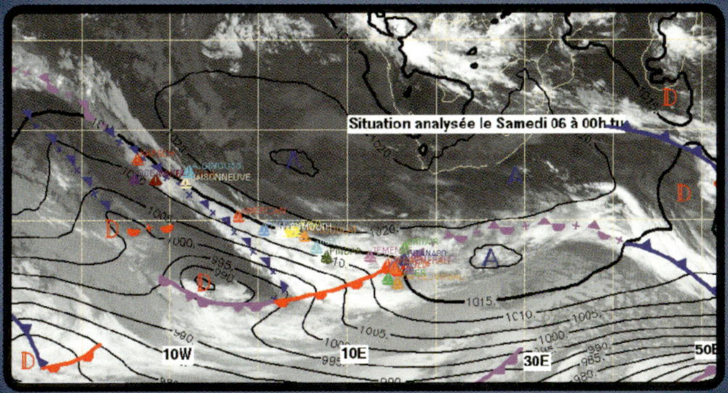


Image météo du 06/12/08 : c'est bien le Grand Sud ! Des dépressions arrivent du Brésil et se combinent avec des perturbations sur le 50° Sud : les fronts succèdent aux fronts avec une mer qui se forme et des vents compris entre 25 et 40 nœuds.

Mike Golding / *Ecover 3*

*Chapitre 3 – Océan Indien*

# Mers indignes

**De Bonne Espérance au Sud de la Tasmanie, c'est une piste cabossée et tendue de pièges qui s'étire devant la flotte. L'Indien a déterré sa hache de guerre et va décocher à l'aveuglette des flèches assassines sur le convoi du Vendée Globe. À la lisière des icebergs, les 60 pieds vont flirter avec des vitesses vertigineuses dans des conditions casse-bateau… et casse marin. Lors d'une semaine noire de décembre marquée par l'accident de Yann Eliès, six solitaires tirent douloureusement leur révérence. La coiffe de plumes revient à Michel Desjoyeaux, nouveau chef de tribu après trente-sept jours d'une course folle.**

**Un Autrichien dans l'Indien…**
Norbert Sedlacek immortalise l'une des plus belles images de ce Vendée Globe dans un océan Indien qui n'a pas été tendre pour les derniers solitaires.

Plongeon dans le Grand Sud. L'état de la mer dans l'Indien n'a rien à voir avec celui de l'Atlantique ! Chaotique, instable, violent, l'océan va provoquer bien des dégâts…

*« L'AVENTURE VIENT, depuis quelques jours, de se transformer en combat au corps à corps. L'Indien, l'Apache, le Mohican est un valeureux guerrier. Et les pauvres cow-boys que nous sommes avions sous-estimé l'instinct sauvage de cet océan. Nous, les régatiers aux montures flambant neuves et aux pare-chocs chromés, ne faisons plus route en rang serré, mais en ordre dispersé. Le champ de bataille laisse, à la lumière de l'aube, apparaître des monocoques mutilés et des marins groggy. Cette description de la situation peut vous paraître exagérée ce 16 décembre, mais à travers les petits coups de fil passés à droite et à gauche, et aussi au regard de mon propre état et de celui de mon bateau, voilà ce que je ressens ce matin. Vous l'avez bien compris, l'océan Indien est en train de donner ou non son autorisation de passage, et le droit est cher pour certains. Je me suis réveillé ce matin comme après un long cauchemar. Sonné, presque choqué par la violence des coups. Mais l'Indien qui sommeillait en moi vient lui aussi de se réveiller. J'en ai marre de prendre des coups et de subir. À travers cette lettre, et en même temps que je cherche mes mots, je sens que la rébellion monte en moi comme un fils peut en vouloir à son père le jour de l'adolescence. Maintenant je combattrai la tête haute, animé d'un esprit de vengeance, pour toi, le frère de sang, pour ta tribu des Abers, mon ami Bernard. L'Indien mérite beaucoup de respect et d'humilité pour être traversé. Mais j'en ai encore plus pour toi et ta famille. Le combat continue… »* Yann Eliès, dans un courriel envoyé à la direction de course, vient d'exprimer à voix haute ce que certains solitaires du Vendée Globe pensent tout bas depuis leur entrée dans l'océan Indien. Si les mers du Sud ont été relativement bienveillantes dans les deux dernières éditions du Vendée Globe, elles montrent cette fois leur vrai visage, quelques jours seulement après le passage de la pointe de l'Afrique du Sud.

**« Je me suis réveillé ce matin comme après un long cauchemar. Sonné, presque choqué par la violence des coups. »**

Le vent de la mer…
Outre le froid, l'humidité, le ciel plombé, la descente vers les Kerguelen est marquée par la présence d'icebergs et des vagues de plus en plus déferlantes.

# Dominique Wavre

## *Temenos II*

**LES ANNÉES SEMBLENT GLISSER** sur Dominique Wavre comme l'eau sur les plumes d'un canard. À 53 ans, Dominique peut physiquement essouffler quelques trentenaires, même bien entraînés. Et dans sa tête, l'expérience unique de sept tours du monde est une véritable assurance tous risques. Son palmarès nautique est si long qu'il pourrait servir de référence à la formation des jeunes régatiers helvètes. On y compte pas moins de quatre Whitbread (dont une victoire), huit Tour de France à la Voile, quatre Solitaire du Figaro (deux fois deuxième), deux titres de champion de Suisse de Surprise, trois Transats Jacques Vabre, on en passe et des meilleures… Alors, après une cinquième place en 2001, puis une quatrième en 2005, l'ancien professeur de dessin formé aux Beaux-Arts suisses espérait certainement finir au minimum sur le podium de son troisième Vendée Globe consécutif. Malheureusement pour lui, une fichue tête de quille brisée l'a contraint à l'abandon aux Kerguelen, alors qu'il occupait la onzième place. Sacré coup dur. D'autant qu'une précédente tête de quille – le talon d'Achille de son bateau apparemment – l'avait déjà contraint à faire escale en Nouvelle-Zélande lors de la Barcelona World Race, néanmoins terminée à la troisième place avec sa compagne navigatrice, Michèle Paret. Wavre, précis et méticuleux comme un coucou suisse, avait pourtant mis tous les atouts de son côté pour briller. À peine revenu du Vendée Globe 2004-05, il entamait déjà la construction de son nouveau monocoque et le mettait à l'eau dès juin 2006. Installé à La Rochelle, il l'a bichonné pendant deux ans pour être pleinement opérationnel le 9 novembre 2008. Son navire est celui qui a le plus navigué de la nouvelle génération. Mais cela n'a pas suffi. Son huitième tour du monde s'est arrêté aux Kerguelen où son compatriote Bernard Stamm l'a rejoint quelques jours plus tard. Rencontre insolite entre deux skippers malheureux. Après une réparation sommaire, Wavre reprend la mer en direction de l'Australie. Mais la tête de quille casse à nouveau. Ces longues journées en mer, avec l'angoisse permanente de perdre sa quille et de chavirer, resteront probablement dans sa mémoire comme l'une des pires expériences de sa longue carrière.

TEMENOS
The Banking
Software Company
GV3
TEMENOS
Sodeb'O
TEMENOS

Conserver le tempo.
En tête à l'entrée de l'océan Indien, Sébastien Josse adopte un rythme «raisonnable» qui tente de suivre le tempo crescendo des Dick, Golding, Desjoyeaux…

Bonne-Espérance, sentinelle du continent africain, promontoire qui marque l'affrontement entre les courants marins froids de l'ouest et les courants chauds du nord-est, à quelques kilomètres au sud de Cape Town, de la montagne de la Table et des Douze Apôtres, est le premier des trois grands caps de ce tour du monde. Plus qu'un symbole, c'est une étape importante remportée par Sébastien Josse, qui croise sa longitude le 6 décembre au matin. Derrière *BT*, le top 10 double le cap des Tourmentes en l'espace de cinq heures à peine. C'est dire l'insignifiance des écarts après vingt-sept jours de course. Au moment de franchir la pointe de l'Afrique du Sud, rien ne laisse donc présager cette semaine maudite qui verra entre le 12 et le 18 décembre, plusieurs des ténors de la flotte contraints d'en rabattre. Six jours suffiront pour que le peloton explose sous les coups de boutoir conjugués d'incessantes dépressions et d'une mer croisée particulièrement difficile à négocier.

Au début, il s'agit avant tout de ne pas se faire décrocher, que ce soit dans le groupe de pointe ou pour ceux qui luttent en queue d'échappée. Pas facile. Car les leaders enquillent bientôt des journées faramineuses dépassant régulièrement les 400 milles en vingt-quatre heures. Le record de distance en solitaire détenu en 60 pieds par Alex Thomson (468,72 milles en vingt-quatre heures) résistera, mais de peu. Dans la journée du 15 au 16 décembre, Michel Desjoyeaux aligne 466 milles et Jean Le Cam 461. Mais les grandes vitesses ont un prix : le stress. *« On se demande si on doit mollir ou suivre dans certaines mers ; le problème n'est pas tant d'aller vite, c'est plutôt d'être capable de fermer les yeux et les oreilles, de ne pas écouter son bateau. On se demande si c'est à la prochaine vague que tout va péter, la quille, le mât… »* s'interroge le skipper de *VM Matériaux*.

## Les bateaux sont propulsés au portant à vive allure et les vitesses montent d'un cran.

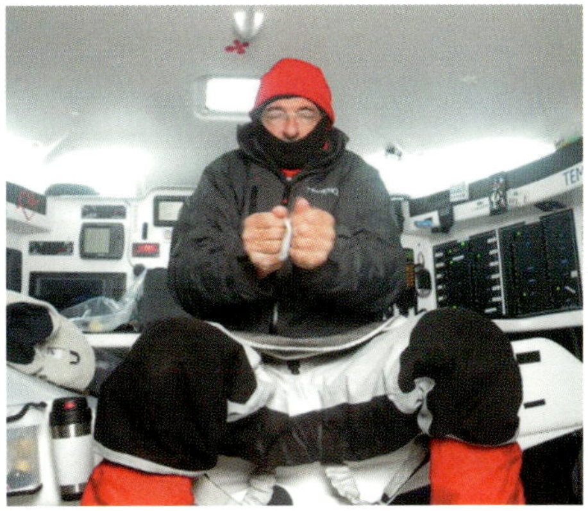

Pour autant, les marins sont débarrassés d'une préoccupation majeure : les icebergs. La direction de course a disposé tout au long du parcours des « portes » qui constituent des marques virtuelles, de manière à prévenir toute velléité de couper au plus court et d'aller jouer à la roulette russe dans les glaces. Au total, de l'Atlantique Sud au Pacifique Est, ce sont sept portes que la flotte devra respecter. Avec comme corollaire l'autorisation pour la direction de course de déplacer ces segments de passages obligés, en fonction de la position des icebergs. Pour cela, un dispositif complet a été mis en place par l'organisation en collaboration avec CLS Argos. En permanence, un satellite transmet des « scènes » des océans Indien, Pacifique et Atlantique Sud qui sont analysées au PC Course par un ingénieur spécialisé. Ce dispositif expérimental, s'il ne permet pas d'identifier les glaçons de petite taille, dont les growlers, principal danger pour les coureurs, se révèle probant pour repérer les icebergs supérieurs à 150 mètres de long. Ces « scènes », confrontées aux modèles météorologiques et aux routages de la flotte, offrent la possibilité de déterminer le pourcentage de risque de rencontrer des glaces… C'est ainsi que plusieurs portes seront déplacées vers le nord-ouest, comme celle dite « des Kerguelen », en réalité située à 1 500 milles de l'archipel du même nom. Le 7 décembre, les premiers concurrents franchissent cette marque. C'est aussi l'occasion d'un nouveau changement de leader : Jean-Pierre Dick, récompensé par sa plongée dans le Sud en compagnie de Mike Golding, prend les commandes. Les bateaux sont propulsés au portant à vive allure et les vitesses montent d'un cran, à l'image de Roland Jourdain, relevé à plus de 20 nœuds de moyenne entre deux flots de positions. Michel Desjoyeaux, lui, continue de monter les échelons du classement : *Foncia* pointe maintenant en septième position.

Le froid, la mer cassante et les vents soutenus ne sont pas seulement traumatisants pour les nerfs. Physiquement, les navigateurs encaissent les coups, au sens propre. Dans un départ au lof, Vincent Riou a valsé à l'intérieur du bateau et souffre visiblement d'une méchante entorse au pied, qui l'handicape pour manœuvrer à l'avant. Le vainqueur du Vendée Globe 2004-2005 semble avoir la poisse collée au tableau arrière depuis la mise à l'eau de son nouveau *PRB*… Pourtant, ses souffrances dans l'Indien ne seront pas rédhibitoires, contrairement à quelques-uns de ses camarades.

# Bernard Stamm

## *Cheminées Poujoulat*

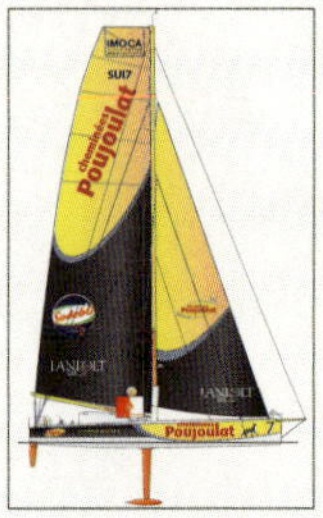


**JEUNE, BERNARD STAMM** était un bourlingueur. Un vrai. Un tatoué ! Toujours bronzé et sans le sou. Libre comme l'air et comme ses boucles blondes. Sa vie est un véritable roman d'aventures, digne mélange entre Jack Kerouac et Henri de Monfreid. Tour à tour bûcheron dans les zones à risque de sa Suisse natale, pilote de moto, matelot dans la marine marchande ou convoyeur de voiliers, il a déjà vécu mille vies et parcouru le monde entier à l'âge où d'autres sortent tout juste de l'université. Entre poker et tournées de bières dans des ports lointains, ses finances sont aussi maigres que lui. Mais Bernard Stamm présente cette triple qualité d'avoir une gouaille, un sourire charmeur et une indéfectible foi en l'homme qui lui permet de déplacer des montagnes pour aller au bout de ses rêves. Une seule passion a traversé les âges avec lui : la voile. Des premiers bords en culotte courte sur le lac Léman à bord du 6,50 mètres familial à ses trois tours du monde victorieux – double vainqueur d'Around Alone et codétenteur du Trophée Jules Verne sur *Orange 2*. Sa vie est également une succession de rencontres, toujours opportunes, qui ont façonné son parcours. C'est en convoyant un catamaran aux Antilles qu'il croise Pierre Rolland sur la Mini-Transat 93. De cette rencontre découlera une partie de sa vie actuelle. À Lesconil, en Bretagne, où un ami suisse possède un hangar, il construit un proto 6,50 sur plan Rolland et termine troisième de la Mini-Transat 95. C'est une révélation : la course au large sera son prochain métier. Toujours à Lesconil, où il rencontrera sa femme, Catherine, il s'attaque à un chantier titanesque : construire un monocoque 60 pieds de ses propres mains – et avec le soutien de quelques bonnes âmes et des commerçants locaux. Son objectif : le Vendée Globe 2000. Mais par trois fois, cette course suprême va se refuser à lui : abandon en 2000 ; une semaine après le départ pour problèmes de safran et de pilote ; non-partant en 2004, suite à la perte de quille sur la Transat anglaise cinq mois plus tôt. En 2008, il possède tous les atouts pour briller. Mais dès la première nuit, un cargo lui barre la route. Retour aux Sables pour réparer mât et bout-dehors. Dans l'océan Indien, ce sont les articulations de safrans qui se grippent. L'escale technique prévue aux Kerguelen vire au cauchemar lorsque son bateau s'échoue sur la côte. Fin de l'aventure. Mais à 45 ans, nul doute qu'un nouveau chapitre va s'ouvrir…

CONSEIL GÉNÉRAL
cheminées
Poujoulat
7
cheminées
Poujoulat
cheminées
Poujoulat
cheminées

# Les Kerguelen, funeste escale...

**Sur l'archipel des Kerguelen** vit, aux côtés des colonies de lions de mer et d'albatros, une petite communauté de chercheurs venus étudier les conditions de vie dans les milieux hostiles. Ces îles font partie des Terres australes et antarctiques françaises (TAAF) : assurer une présence y est d'un intérêt scientifique et stratégique indéniable. La centaine de scientifiques qui y vient en mission y mène une existence plutôt paisible et recluse à composer avec une nature sauvage et brutale. Températures hivernales, vents violents et isolement sont le pain quotidien de ces chercheurs, logisticiens, hommes de service en tout genre qui ont accepté de vivre cette aventure. En ce mois de décembre 2008, le Vendée Globe va fortement perturber leur rythme monacal. La semaine noire commence le 10, avec le démâtage aussi inattendu que brutal de Loïck Peyron, qui voit son espar s'écrouler à 600 milles environ dans l'ouest de l'archipel : « *Je ne sais pas ce qui s'est passé : j'étais à l'intérieur, et clac, un grand bruit. J'ai compris que c'était le mât. Je suis sorti et j'ai vu qu'il était en plusieurs morceaux... J'ai dû couper le gréement. Il me reste donc juste la bôme, un foc de brise et un morceau de la grand-voile. Je suis extrêmement désolé pour toute l'équipe et mes partenaires. Je ne pense qu'à eux en ce moment...* » Après avoir dominé toutes les épreuves d'avant-saison, après avoir imposé le tempo de ce début de Vendée Globe, maître Loïck se retrouve sur le bord du chemin. C'est un coup dur pour ce grand favori, à titre personnel, mais aussi pour la course qui perd là un de ses plus brillants acteurs. Michel Desjoyeaux ne s'y trompera pas, qui se fendra d'un e-mail laconique à son adversaire tombé à terre : « *Tu fais ch..., Loïck.* »

**Après avoir imposé le tempo de ce début de Vendée Globe, maître Loïck se retrouve sur le bord du chemin.**

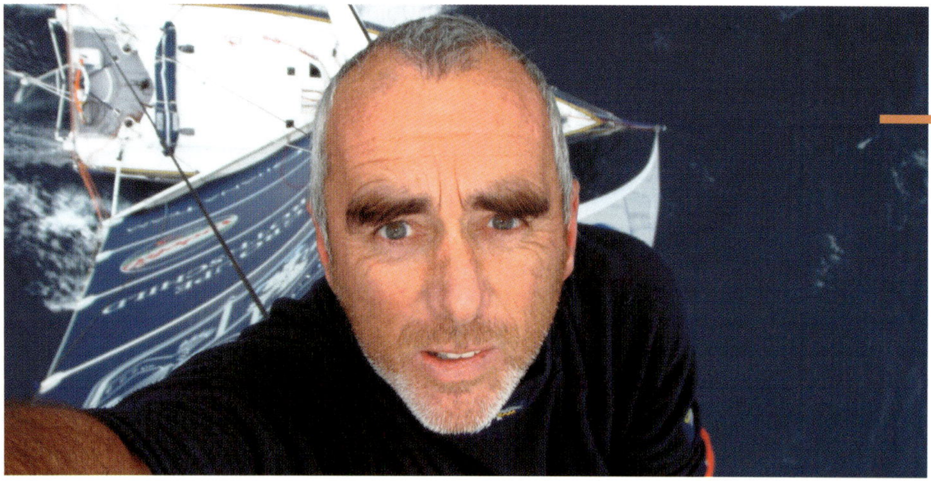

Dernière ascension. Loïck Peyron profite d'une petite molle entre Crozet et Kerguelen pour faire un dernier tour de vérification du gréement ; il démâtera le lendemain !

**Game Over**
Suite à un sérieux problème de quille, le Suisse Dominique Wavre va devoir se dérouter vers les Kerguelen.

Le 12 décembre, c'est Dominique Wavre qui annonce un sérieux problème de tête de quille et décide de se dérouter vers l'archipel. Le 13 décembre, le navigateur suisse arrive à Port-aux-Français, mouillage usuel du *Marion Dufresne*, le bateau ravitailleur des TAAF et des quelques rares chalutiers venus traquer la géline dans les mers australes. Dès son arrivée, toute la communauté se mobilise avec chaleur et efficacité pour aider le skipper de *Temenos II* à fiabiliser sa quille… C'est une réparation de fortune qui doit lui permettre de rallier l'Australie. Mais l'escale technique de ce grand amoureux des mers du Sud sera bientôt troublée par un autre événement plus tragique impliquant son compatriote Bernard Stamm. Le 13 toujours, ce dernier se détourne lui aussi vers l'archipel austral pour un problème de palier de safrans.

Malheureusement, l'aventure tournera court pour le Suisse de Lesconil. Alors qu'il entre dans la baie du Morbihan, *Cheminées Poujoulat* est pris par des rafales de vent de plus de 40 nœuds. Bernard, malgré l'aide de Dominique Wavre et du personnel des TAAF, ne parvient pas à prendre le mouillage qui lui était destiné et voit son bateau drossé à la côte. Port-aux-Français, s'il est un mouillage qui peut convenir à des unités aussi imposantes que le *Marion Dufresne* (120 mètres de long), n'a jamais eu la réputation d'être un bon abri… L'aventure de Bernard s'achèvera donc sur le pont du navire des terres australes qui le ramènera, ainsi que son bateau éventré, jusqu'à Saint-Denis de la Réunion. Le double vainqueur du tour du monde en solitaire avec escales voit le Vendée Globe se refuser à lui pour la troisième fois.

Triste mise à terre.
La baie du Morbihan est redoutable : malgré l'aide du personnel des TAAF, Bernard Stamm ne peut atteindre un corps mort et s'échoue violemment.

# Loïck Peyron
## *Gitana Eighty*

**QUI NE CONNAÎT PAS LOÏCK PEYRON ?**
Régulièrement élu premier navigateur au classement des sportifs préférés des Français, Loïck Peyron est un touche-à-tout volubile qui aime partager sa passion pour les bateaux. La mer est une deuxième maison pour les trois frères Peyron (Bruno, Loïck et Stéphane), bercés par les récits d'un père capitaine au long cours, et de leur oncle, Jean-Yves Terlain, l'un des pionniers de la course au large en France. Aussi à l'aise sur un petit monotype en match-racing qu'à bord d'un maxi-multicoque autour du monde, Loïck bouillonne en permanence d'idées nouvelles pour faire progresser ses bateaux de course. Plutôt du genre hyperactif, il gribouille, dès qu'il a cinq minutes, un croquis d'un nouveau projet, voilier futuriste ou tout simplement pièce d'accastillage tout droit sortie de son imaginaire. Grand animateur de la classe Orma des multicoques pendant une douzaine d'années, le cadet des Peyron apprécie l'idée de participer aux grandes premières : Québec-Saint-Malo, Transat Jacques Vabre, The Race et bien sûr le Vendée Globe, dont il fut l'un des pionniers en 1989. Tout le monde se souvient du spectaculaire sauvetage de Philippe Poupon par le jeune – 28 ans – Loïck au large de l'Afrique du Sud. Mais on oublie souvent sa superbe performance sur l'eau avec une deuxième place à seulement seize heures de Titouan Lamazou, le plus petit écart jusqu'en 2005. En 1992, il est contraint à l'abandon après quelques jours de course pour cause de délaminage de son monocoque. Après avoir trusté podiums ou victoires pendant douze ans en trimaran, il renoue avec le monocoque lors de la Transat Jacques Vabre 2005, remportée avec Jean-Pierre Dick. Il n'en fallait pas plus pour le motiver à revenir disputer un troisième Vendée Globe, vingt ans après sa première participation ! Fort de ses deux victoires sur les deux dernières transats en solo – la Transat B to B et la Transat anglaise, qu'il est le seul à avoir remportée trois fois, Peyron assumait pleinement son statut de favori au départ de l'édition 2008-2009. Sur les trente et un jours de course avant son démâtage dans l'océan Indien, Peyron en a passé plus de la moitié en tête. Mais le sort en a décidé autrement un maudit mercredi 10 décembre…

GROUPE LCF ROTHSCHILD
GITANA TEAM

## *Pendant quelque temps, ces hommes libres que sont nos marins solitaires ne chériront plus du tout la mer…*

En ce 14 décembre, on refait les comptes. Avec Loïck, Dominique et Bernard mis hors jeu en quelques jours, acteurs et observateurs tentent de reprendre leur souffle et prient dans leur fort intérieur pour une trêve, un arrêt définitif des hostilités. Or, les événements qui suivent vont rappeler à quel point le *« pays de l'ombre »* est aussi celui de la violence. Pendant quelque temps, ces hommes libres que sont nos marins solitaires ne chériront plus du tout la mer…

Malgré la présence des portes de sécurité qui limitent le jeu à un certain degré de latitude, les premiers icebergs ont été repérés. Michel Desjoyeaux, Samantha Davies et enfin Jonny Malbon envoient chacun à leur tour signalements et images : *« Une masse de glace de plus de 400 mètres de longueur sur une hauteur de 60 à 80 mètres »,* écrit le skipper d'*Artemis*, aussi laconique qu'impressionné. Ces monstres facilement détectables au radar, s'ils tirent la sonnette d'alarme et incitent certains à rester au nord, ne constituent pas la principale menace. Les growlers, fragments de quelques mètres qui nagent entre deux eaux, sont bien plus insidieux. Vincent Riou a eu quelques sueurs froides en croisant l'un d'entre eux sur son chemin dans la journée du 15 décembre : *« Il a heurté le safran et entraîné le départ à l'abattée du bateau… Tout peut arriver, tout peut s'arrêter d'un instant à l'autre… »* La rencontre avec des animaux marins ou des objets flottants non identifiés constitue un autre danger imprévisible. Marc Guillemot a ainsi encaissé un choc brutal avec un cétacé dont la seule conséquence visible est pour l'heure une dérive fortement endommagée. Pour Jean-Pierre Dick, la punition est encore plus sévère et injuste. Alors qu'il caracole en tête depuis le 7 décembre, *Paprec-Virbac 2* percute un ofni qui casse son safran tribord. Le gentleman skipper doit se résoudre à faire cap au nord pour trouver des eaux plus calmes et envisager une réparation. Il va s'y atteler avec une force et une conviction inébranlables. Mais pendant les quatre ou cinq jours qu'exigera cette opération chirurgicale, le Niçois devra ravaler sa peine et ses ambitions. Dès le 16 décembre, le lendemain de l'incident, il confie les commandes à celui qui l'avait accompagné dans sa judicieuse option sud, Mike Golding. *« Rule Britannia, rule the waves… »,* dit la chanson. Pourtant, la mainmise anglo-saxonne sur ce Vendée Globe ne durera que quelques heures. Pointé en tête au classement de cinq heures, Mike démâte en début de matinée dans un grain à 55 nœuds.

Glaçon droit devant. Coup de stress pour Vincent Riou, qui va heurter un growler avec son safran.

Le ciel tombe sur les têtes. Mike Golding s'est fait surprendre par une rafale à plus de 40 nœuds alors qu'il était sous gennaker : le mât n'a pas résisté à la surcharge…

Changement de leader. Jean-Pierre Dick réussira à réparer son safran tribord mais perdra la tête de la course.

La main à la pâte.
Michel Desjoyeaux n'a pas attendu d'entrer en Pacifique pour prendre la tête malgré son deuxième départ des Sables d'Olonne avec quarante heures d'écart : il ne la lâchera plus…

# Nouveau patron

**LES DÉBOIRES SE SUCCÈDENT** dans l'Indien. Une heure après Golding, Jean-Baptiste Dejeanty annonce son intention de se dérouter vers Port Elizabeth, en Afrique du Sud. Après avoir refait une partie de son retard grâce à une superbe remontée en Atlantique, le benjamin du Vendée Globe souffre d'une accumulation de problèmes techniques (pilotes, drisses) qui l'empêchent d'aborder le Grand Sud en toute sécurité. Le skipper de *Maisonneuve*, après une course courageuse jusqu'à Bonne-Espérance, doit renoncer à poursuivre son Graal.

Cette journée du 16 décembre est marquée par un autre événement capital. Le démâtage d'*Ecover* induit un autre effet : il propulse Michel Desjoyeaux en tête de la flotte. Surpris, extrêmement ému et un peu gêné de prendre les rênes en de telles circonstances, le skipper de *Foncia* qui a réussit, l'exploit de doubler un à un ses adversaires, va assumer son nouveau rôle de meneur sans états d'âme. Après s'être acharné à décapiter les leaders les uns après les autres, l'Indien a donc élu son partenaire pour partager le calumet : le 16 décembre à 11 heures, *Foncia* est devenu le nouveau patron. À 20h25, le même jour, après 37 j 7 h et 23 min de course, Michel Desjoyeaux passe la longitude symbolique du cap Leeuwin. Il sera suivi quelques heures plus tard par Roland Jourdain et Sébastien Josse. Reste qu'en dix jours, la physionomie du peloton a radicalement évolué. À Bonne-Espérance, ils étaient dix à se tenir en moins de 100 milles, ce sont aujourd'hui 900 milles qui séparent Michel Desjoyeaux de Sam Davies. Constante, endurante et heureuse d'être en mer, la jeune Anglaise commence à pointer doucement le bout de son étrave…

**Le démâtage d'Ecover induit un autre effet : il propulse Michel Desjoyeaux en tête du Vendée Globe.**

La poisse.
Terrible choc pour le Britannique Mike Golding, qui voit à nouveau tous ses espoirs de victoire réduits à néant.

# Jean-Baptiste Dejeanty
## *Maisonneuve*

**UN ESPRIT SAIN DANS UN CORPS SAIN !**

Diplômé d'architecture navale à Southampton, Jean-Baptiste Dejeanty met la théorie en pratique. Avant même la fin de ses études, il se lance dans un projet ambitieux : dessiner et construire avec quelques compères un monocoque 60 pieds Imoca en contreplaqué. Il s'appellera *Artech* et terminera dixième de la Transat Jacques Vabre 2005, entre les mains de Jean-Baptiste. En même temps, il dessine et construit, toujours pour lui-même, un Mini 6,50 prototype avec lequel il participe au circuit Mini en 2003 et en 2004. À voir l'héritage de cet architecte-constructeur-navigateur, on comprend mieux la destinée que s'est forgée ce jeune Breton. Issu d'une lignée de marins de Paimpol, les fameux pêcheurs d'Islande célébrés par Pierre Loti, Jean-Baptiste a toujours rêvé du grand large, comme un jeune Chamoniard rêve de l'Himalaya. Enfant, ses yeux pétillaient pour les bateaux de la Route du Rhum, qui passaient devant chez lui. Un rêve devenu réalité en novembre 2006 lorsqu'il termine neuvième à Pointe-à-Pitre. Tout s'enchaîne ensuite vers le Graal absolu de tout coureur du large en solitaire : le Vendée Globe. Après la Transat Jacques Vabre 2005, « Jibé » rachète un autre 60 pieds Imoca, dessiné celui-là par le Sud-Africain Angelo Lavranos. C'est ce bateau qu'il va s'efforcer de modifier, d'améliorer et d'optimiser en vue du Vendée Globe. Malheureusement pour le benjamin de l'épreuve (30 ans), il fait demi-tour après vingt-huit heures de course pour réparer sa coque fissurée par la tempête. Il reprend la mer le dimanche 16 novembre, une semaine exactement après le départ. Heureux en mer, et surtout en course, réalisant une descente de l'Atlantique tonitruante, Jean-Baptiste doit se résigner à abandonner à l'entrée des mers du Sud. Trop de problèmes se multiplient à bord pour qu'il puisse envisager sereinement la traversée des océans Indien et Pacifique. Mais il n'y a pas de quoi refroidir sa motivation à repartir pour un prochain tour…

Sodeb'O
MAISONNEUVE
MAISONNEUVE
8
8

Prudence, « mer » de sûreté. Yann Eliès a ralenti le rythme pour préserver son matériel et son intégrité physique, mais une mauvaise vague aura raison de sa prudence…

# État d'urgence pour Yann

**CE 18 DÉCEMBRE,** Erwan Steff, le directeur administratif et logistique du bateau *Generali,* est dans le RER parisien quand son téléphone sonne. Le numéro est familier, c'est Yann Eliès qui l'appelle depuis l'autre hémisphère. Entre les deux hommes, les conversations sont quotidiennes : non content d'avoir sa fonction dans le team de Yann, Erwan est aussi un ami de longue date du navigateur briochin. Et Yann n'aime rien tant que passer un coup de fil à l'improviste aux amis restés à terre. En quelques secondes tout va basculer : « *Je me suis fait démantibuler la jambe, déclenche les secours, il faut venir me chercher…* » Le skipper de *Generali* était en train de manœuvrer, perché sur son bout-dehors, quand son bateau a planté dans une vague, le projetant à la mer et lui brisant la jambe. Dans un effort désespéré, Yann a réussi à s'agripper d'une main au balcon avant de son voilier, puis à se hisser sur le pont et à mettre son navire à la cape avant de se traîner jusqu'à sa cabine, où il s'est effondré de douleur. Lui-même l'avouera plus tard : « *Dans ce genre de moment, quand tu côtoies la mort et que tu luttes pour ta survie, tu trouves en toi des ressources que tu n'aurais jamais pu soupçonner…* » Pour l'heure, le solitaire est écroulé sur sa couchette, cloué par une douleur insupportable qui l'empêche de bouger. Ses médicaments, de même que les vivres et les boissons indispensables, sont hors de portée de main ; tout mouvement se révèle impossible.

**« Je me suis fait démantibuler la jambe, déclenche les secours, il faut venir me chercher… »**

Gare à l'enfournement ! Alors qu'il bricolait sur son bout-dehors, le monocoque de Yann Eliès a enfourné dans une vague, projetant violemment le solitaire sur la coque au point de briser sa jambe.

# Mike Golding

## *Ecover 3*

**SA CARRIÈRE D'ANCIEN POMPIER** est désormais loin dans son sillage, mais elle lui colle toujours à la peau, certainement parce qu'elle illustre parfaitement le caractère trempé de ce sujet britannique dur au mal. Détermination et abnégation sont les principales qualités de Mike Golding lorsqu'il entreprend une nouvelle aventure maritime. Premier marin à avoir effectué le tour du monde dans les deux sens, il possède l'une des plus grandes expériences de navigateur autour de la planète. Deux tours du monde à l'envers (un en équipage et un en solo) et deux à l'endroit lors des Vendée Globe 2000 et 2004. Ces deux dernières expériences ont été marquées par des avaries importantes qui ne l'ont pas empêché de terminer. En 2000, il démâte après le départ, revient, répare et repart une semaine après tout le monde, pour finalement se classer septième. En 2005, il perd sa quille à 50 milles des Sables et réussit l'exploit de franchir quand même la ligne d'arrivée et de monter sur le podium. C'est donc avec la casquette de favori qu'il s'est présenté au départ de son troisième Vendée Globe. Toujours aux avant-postes, il prend les commandes de la course le mardi 16 décembre au pointage de 5 heures... et démâte à 7 h 47, à plus de 1 000 milles dans le sud de l'Australie ! Il rejoint sous gréement de fortune le port de Perth après onze jours de navigation. Cela représente un terrible coup au moral pour ce skipper poursuivi par les avaries. Sa carrière est ainsi échelonnée de mauvaises fortunes, à commencer par deux démâtages et la perte d'une quille en trois participations au Vendée Globe. L'hiver 2006-2007, il démâte une nouvelle fois dans la Velux 5 Oceans après avoir sauvé son compatriote Alex Thomson à l'approche de l'Afrique du Sud. L'hiver suivant, un an avant le départ du Vendée Globe, il découvre des fissures sur sa quille acier et la change pour une quille carbone, ce qui le contraint au passage à déclarer forfait pour la Transat anglaise, la seule grande course qu'il ait remportée en 2004. Si le marin possède un CV sans fin, sa monture manque de compétition au départ des Sables le 9 novembre. À 52 ans en 2012, le skipper, qui s'est déjà fait construire trois 60 pieds Imoca en dix ans, aura-t-il l'envie de revenir une quatrième fois sur le Vendée Globe pour conjurer le sort ?

GARMIN
ECOVER
3

## Au PC, le processus de sauvetage est activé, c'est toute une cellule de crise qui se met en branle.

Médecine à distance. Le docteur Jean-Yves Chauve est joignable en permanence pour prodiguer conseils ou ordonnances aux solitaires, et pour orienter les secours selon la gravité médicale.

À terre, Erwan a immédiatement informé le PC Course de la situation de Yann, de même que Jean-Yves Chauve, le médecin de la course. Le bateau est en dérive à 750 milles au sud de l'Australie. Les premières conversations entre Yann, les docteurs Jean-Yves Chauve et Yves Lambert, qui suit personnellement le navigateur, autorisent les premières hypothèses de diagnostic. Selon toute vraisemblance, le skipper de *Generali* souffre d'une fracture du fémur. On n'en meurt pas, mais personne n'est à l'abri de complications, et surtout, Yann souffre le martyre. Au PC, le processus de sauvetage est activé : autour de Philippe de Villiers, président de la SEM Vendée, entouré de Denis Horeau, le directeur de course, et d'Alain Gautier, consultant sécurité, c'est toute une cellule de crise qui se met en branle : évaluation de la situation météorologique, prises de contacts avec les autorités australiennes et David Adams, correspondant de la direction de course en Australie, recueil et mise en ordre de l'ensemble des informations susceptibles de faciliter le sauvetage. En mer, Marc Guillemot (*Safran*) et Sam Davies (*Roxy*) sont invités à se dérouter pour porter assistance à leur copain blessé. Drôle de concours de circonstances : Marc Guillemot voit une partie de son passé ressurgir : vingt ans plus tôt, il avait chaviré à bord du catamaran de Patrick Morvan à 500 milles au large du cap Finisterre et, bassin fracturé, il avait dû patienter plusieurs jours avant de voir les secours espagnols arriver. À terre commencent de longues heures d'attente. Pour Erwan Steff, il s'agit de maintenir le lien avec Yann, de continuer à informer Soizic, sa femme… Les proches de Yann, dans leur ensemble, sauront trouver la bonne attitude, entre inquiétude évidente et réserve nécessaire, de manière à ne pas perturber le dispositif en cours.

Maintenir le contact. Erwan Steff est resté en contact direct avec Yann Eliès et sa famille, avec son équipe technique et Marc Guillemot pour informer les secours australiens.

La marine australienne sur zone.
Partie de Perth dès le 18 au soir, la frégate de la marine australienne sera sur zone dès le 20 décembre au matin.

# Yann Eliès
## *Generali*

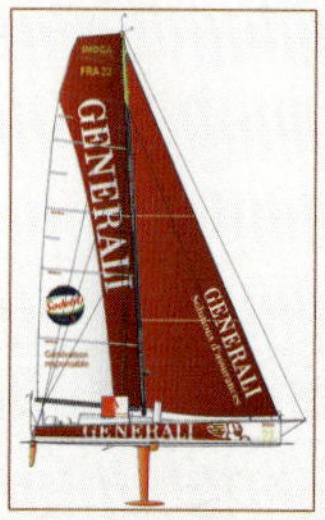


**DOUBLE CHAMPION DE FRANCE** de course au large en solitaire et double détenteur du Trophée Jules Verne au côté de Bruno Peyron (soixante-quatre et cinquante jours), Yann Eliès, à 34 ans, a tout d'un grand champion : le talent, l'expérience et la sagesse. Rien d'étonnant lorsqu'on sait que chez les Eliès la voile de compétition est un héritage savamment transmis. Son grand-père, son oncle et son père se sont tous illustrés dans la voile. À l'âge de cinq ans, Yann assiste à la victoire de son père, Patrick, dans la Course de l'Aurore (ancêtre de la Solitaire du Figaro) 1979. Vingt ans plus tard, après un apprentissage en dériveur, c'est dans cette même discipline relevée qu'il s'illustre à son tour. Mais sans réussir malgré dix participations à la Solitaire, dont il tutoie le sommet – deuxième en 2004 et vainqueur de quatre étapes. Marié, père de deux enfants, Yann Eliès ne veut pas s'enfermer dans une seule discipline. Grâce à Bruno Peyron, il découvre les mers du Sud à deux occasions en maxi-catamaran. Le Vendée Globe devient alors une évidence. Grâce au soutien de son fidèle sponsor depuis dix ans, Generali, il lance la construction d'un nouveau monocoque Imoca dessiné par les architectes Jean-Marie Finot et Pascal Conq, vainqueurs des quatre précédents Vendée Globe. Accessoirement, Finot était déjà l'architecte du half tonner de Patrick Eliès lors de sa victoire en 1979. On reste en famille ! Après un début de course prometteur, qui l'a même vu occuper la première place quelques heures au vingt-cinquième jour de course, le Vendée Globe de Yann Eliès tourne au cauchemar le 18 décembre, lorsqu'il se fracture le fémur gauche. Rapatrié à Fremantle (Australie), il est immédiatement opéré. À son réveil l'attend un deuxième coup dur : apprend la perte de son monocoque, introuvable suite à l'arrêt accidentel des balises. Une double peine pour celui qui avait mis tant d'ardeur à réaliser son rêve d'adolescent.

Sodebo
GENERALI
europ assistance
GUY COTTEN

Au soir même de cette journée du 18 décembre, la frégate australienne *Arunta* quitte les quais du port de Perth. Les secours ont réagi avec une rapidité exemplaire, n'hésitant pas à rappeler des militaires en vacances et acceptant de partir avec un équipage réduit de moitié, de manière à appareiller au plus vite. Aux alentours de 23 heures, soit au petit matin dans les antipodes, Marc Guillemot fait la jonction avec Yann Eliès. Sa présence aux côtés de *Generali* va se révéler déterminante. D'abord parce que, moralement, Yann n'est plus seul, mais aussi parce que Marc va trouver les mots justes et les gestes adéquats pour encourager son camarade à faire face. Marc était prêt à tout pour aider Yann, y compris sauter à bord. Il faudra tout le tact de l'équipe à terre pour le freiner et lui demander d'accepter de limiter son rôle à cette assistance psychologique essentielle. Pendant des heures, Marco va sillonner la mer en cerclant autour de *Generali*. À plusieurs reprises, il tentera de lancer médicaments et boissons par l'ouverture de la cabine, mais on ne s'improvise pas lanceur de haute mer en un tournemain. Néanmoins, les efforts incessants de Marc vont porter leurs fruits : dans un soubresaut d'énergie, Yann arrive finalement à se saisir d'un bout, à amener vers lui une partie du sac dans lequel médicaments et vivres sont stockés et d'un coup de couteau, à percer une poche et récupérer un peu de boisson, quelques barres de céréales et des médicaments antidouleur. Le 20 décembre, vers 10 heures du matin, la frégate *Arunta* arrive sur zone... Commencent alors les opérations de sauvetage. À la vacation du matin, ce samedi, Marc Guillemot commente en direct la mise à l'eau du semi-rigide d'assistance, s'emmêle les pinceaux entre le combiné VHF qu'il utilise pour parler avec les sauveteurs australiens et le téléphone iridium qui le relie au PC Course... Qu'importe, à bord de *Safran* comme à Paris, on rit, on pleure d'émotion. L'essentiel est ailleurs, Yann est sauvé.

Marc Guillemot (*Safran*) reprendra la mer avec dans ses bagages un magnifique bonnet de la marine australienne, une bouteille de vin et quelques oranges... mais surtout, il emporte avec lui une histoire d'exception qui ne fait que marquer le début d'une épreuve très éloignée de celle qu'il avait imaginée : « *Dans cette course, j'ai obtenu tout ce que je n'étais pas venu chercher...* », dira-t-il à son arrivée aux Sables-d'Olonne. Le même jour, Michel Desjoyeaux, suivi comme son ombre par Roland Jourdain, en finit avec les humeurs belliqueuses de l'Indien. L'écart entre premier et dixième est maintenant de 2 000 milles. Un océan a suffi pour faire voler en éclats le bel ordonnancement d'une régate planétaire d'exception...

Transbordement.
À couple de *Generali*, l'équipe médicale de l'Arunta va pouvoir transborder Yann Eliès dans un semi-rigide.

À 800 milles de Perth !
Après une heure pour sécuriser Yann Eliès, le commando australien quitte le monocoque pour rejoindre la frégate, où le blessé est traité contre la douleur.

Débarquement australien.
À peine cinq jours après son accident, Yann Eliès débarque à Perth pour être hospitalisé ; il devrait retrouver tous ses moyens en moins de six mois.

# Océan Indien (1)

**Dans le Grand Sud, la manière de naviguer est fondamentalement dictée par l'état de la mer, et autour de l'Antarctique, l'Indien est sans conteste le plus redoutable des océans. Pour ce sixième Vendée Globe, les conditions météorologiques sont favorables pour les premiers, très dures pour les derniers, et les avaries succèdent aux abandons…**

## Le couperet de l'archipel

Si après la première porte des glaces la flotte des leaders a pu s'étaler en latitude juste avant le passage de la longitude de Bonne-Espérance, une fois le cap franchi, les écarts latéraux se réduisent à la portion congrue ! Car s'il y a eu une légère opportunité tactique de se positionner plus ou moins au sud pour l'entrée dans l'océan Indien, il n'y a plus désormais qu'une seule voie pour passer la prochaine porte des glaces remontée dans le Nord-Ouest, du côté de l'île du Prince-Édouard. Les glaces sont présentes entre les îles de Crozet et des Kerguelen et l'état de la mer est particulièrement chaotique : certains solitaires préfèrent lever le pied pour préserver le matériel sur le long terme, à l'image d'Armel Le Cléac'h et de Vincent Riou, qui vont dorénavant suivre exactement la même route jusqu'au cap Horn ! Comme quoi l'imposition des portes réduit très sensiblement les ouvertures stratégiques, d'autant plus que les conditions météorologiques offrent peu d'opportunités de se décaler.

En revanche, plus les navigateurs sont éloignés de la tête de la flotte, plus ils se font secouer par un océan Indien qui prend des humeurs colériques : hors des abandons (Peyron, Wavre et Stamm), Brian Thompson emprunte une voie nettement plus au nord en laissant l'archipel des Kerguelen à tribord, suivi ensuite par tout le reste de la flotte. Il faut souligner que les plus secoués dans ce passage jusqu'à la Tasmanie sont les plus lents, comme Norbert Sedlacek et Raphaël Dinelli. Le top 10 est passé au travers des fronts sans grand dommage, et aucun solitaire n'a choisi de descendre au-delà du 52° Sud. Mike Golding est le plus extrême, Jean-Pierre Dick le plus rapide, suivi comme son ombre par Roland Jourdain, tandis que Michel Desjoyeaux préfère rester sur le 50° Sud. Les dix premiers regroupés en moins de 300 milles ont fait le break : les poursuivants sont déjà à plus de 750 milles du leader, un écart qu'il semble impossible de combler désormais…

Carte des positions du 13/12/08 à 5 h 00 : les dix premiers sont encore très groupés avec peu de décalage latéral et une trajectoire très rectiligne due à l'impératif de remonter vers la porte Australie Ouest. Une phase de vitesse pure !

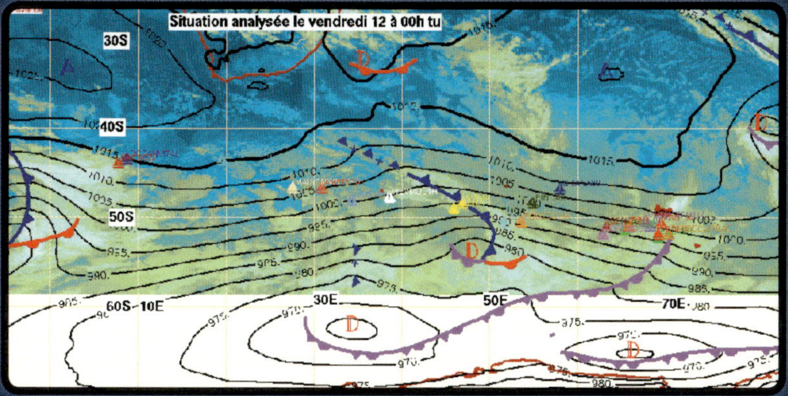


Image météo du 12/12/08 : le train des dépressions de l'océan Indien est à flux tendu : une perturbation passe par jour ! Mais celles-ci sont encore assez hautes en latitude, sur le 55° Sud, ce qui ne génère pas encore de tempête...

Jean-pierre Dick / *Paprec-Virbac 2*

# Océan Indien (2)

## L'échappée tasmanienne

Si l'océan Indien s'achève au sud de la Tasmanie, le passage à la longitude du cap Leeuwin marque un réel tournant dans ce Vendée Globe : non seulement deux leaders successifs sont hors jeu (Dick pour safran endommagé, Golding suite à un démâtage), mais en sus le rythme imposé depuis l'archipel des Kerguelen n'a pas convaincu tout le monde. Certains sont handicapés par des problèmes techniques (Guillemot, Thompson…), d'autres estiment que le tempo n'est pas tenable, alors que la mi-parcours est encore à 2 000 milles des étraves. Au passage du deuxième cap, la tête de flotte s'étire en plusieurs groupes tandis que les retardataires ne sont même pas à l'île du Prince-Édouard ! Les conditions météorologiques commencent donc à être très différentes pour chacun des solitaires, les dépressions remontant dorénavant sur le 45° Sud à l'entrée de l'océan Indien… À l'avant, Michel Desjoyeaux inaugure plusieurs premières : il a pris la tête de la flotte et il a été le plus rapide, toutes les éditions du Vendée Globe confondues entre le cap de Bonne-Espérance et le cap Leeuwin en 11 j 06 h 49min. Certes, il concède encore un peu plus d'une journée par rapport au temps de l'édition 2004-2005 entre les Sables-d'Olonne et le deuxième cap historique, mais il a navigué à près de 14 nœuds de moyenne depuis la longitude de l'Afrique du Sud !

Au quarantième jour de course, Michel Desjoyeaux, désormais fermement installé en position de leader, en termine avec l'océan Indien dans le sud de la Tasmanie. Un seul concurrent maintient un écart de moins de 60 milles, Roland Jourdain, car derrière, la flotte s'effiloche… Cette entrée dans le Pacifique va se répercuter sur toute la traversée jusqu'au cap Horn : les six premiers vont encore bénéficier de conditions de navigation similaires, mais derrière, le peloton n'aura jamais plus l'occasion de revenir, non seulement parce que certains sont plus ou moins handicapés par des problèmes techniques, mais aussi parce que la fin de l'océan Indien est beaucoup moins favorable (petit temps pour Guillemot et Davies, tempête avec vent de travers, voire contraire, pour le reste de la flotte)… Il est quasiment acquis que le match jusqu'au cap Horn ne se jouera plus qu'entre les trois premiers (Desjoyeaux, Jourdain et Josse) avec trois outsiders (Le Cam, Riou et Le Cléac'h).

Classement au passage du cap Leeuwin et temps de course depuis le 9 novembre à 13 h 02 :

| | |
|---|---|
| **1-DESJOYEAUX MICHEL** | 37 jours 07 h 23 min |
| **2-JOURDAIN ROLAND** | 37 jours 08 h 13 min |
| **3-JOSSE SÉBASTIEN** | 37 jours 09 h 58 min |
| **4-LE CAM JEAN** | 37 jours 12 h 35 min |
| **5-DICK JEAN-PIERRE** | 38 jours 00 h 18 min |
| **6-LE CLÉAC'H ARMEL** | 38 jours 04 h 38 min |
| **7-RIOU VINCENT** | 38 jours 06 h 13 min |
| **8-ELIÈS YANN** | 38 jours 10 h 38 min |
| **9-GUILLEMOT MARC** | 38 jours 11 h 28 min |
| **10-DAVIES SAMANTHA** | 40 jours 00 h 48 min |
| **11-THOMPSON BRIAN** | 40 jours 16 h 03 min |
| **12-CAFFARI DEE** | 42 jours 07 h 28 min |
| **13-BOISSIÈRES ARNAUD** | 42 jours 13 h 08 min |
| **14-WHITE STEVE** | 44 jours 07 h 33 min |
| **15-MALBON JONNY** | 46 jours 07 h 28 min |
| **16-WILSON RICH** | 46 jours 20 h 13 min |
| **17-HATFIELD DEREK** | 47 jours 10 h 28 min |
| **18-SEDLACEK NORBERT** | 51 jours 07 h 38 min |
| **19-DINELLI RAPHAËL** | 51 jours 09 h 43 min |

Carte des positions du 16/12/08 à 20 h 00 : l'océan Indien a été modérément agité pour le groupe de tête, qui a pu aligner les milles sans multiplier les manœuvres : presque pas d'empannages depuis les îles Crozet, juste une adaptation de la voilure essentiellement sur les voiles d'avant.

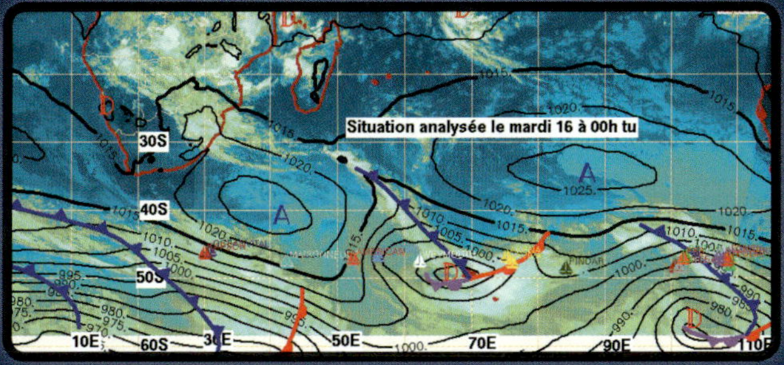


Image météo du 16/12/08 :
un anticyclone puissant est étalé de Madagascar à Perth, rejetant les dépressions sur le 50° Sud, voire plus pour les premiers. Poussée par un front froid, la tête de flotte peut tirer tout droit vers la porte australienne car il n'y a aucune ouverture tactique.

Marc Guillemot / *Safran*

*Chapitre 4* – Le Pacifique

# Pacifique ? Une autre fois…

**À LA SORTIE DE L'OCÉAN INDIEN, QUI A RUDOYÉ LA FLOTTE, TOUS LES SOLITAIRES ATTENDAIENT DE LA TRAVERSÉE DU PACIFIQUE QU'ELLE OFFRE LE MEILLEUR DES MERS DU SUD : LONGS SURFS SUR UNE HOULE STABILISÉE, DESCENTE EXPRESS, JUSQU'AU CAP HORN… EN GUISE DE DESSERT, TOUS ONT EU DROIT À UNE SOUPE AIGRE-DOUCE ENTRE COUPS DE VENT, REMONTÉE DES GLACES JUSQU'À DES LATITUDES INHABITUELLES ET TOUJOURS LA CASSE.**

**Sous-mariniers.**
Vagues qui balaient le pont, ambiance froide et humide, bienvenue dans le Grand Sud.

# Un grand désert liquide

**Le Pacifique continue le travail de sape de l'Indien pour les hommes et les machines.**

*« LE CAP HORN, tu l'attends pendant des jours, et quand tu l'as passé tu pourrais croire que c'est fini. Mais il te reste encore toute la remontée de l'Atlantique… Pour moi, ce devrait être dans trois jours. Mais qu'est-ce que c'est bon quand ça s'arrête. »* Ce 3 janvier, à la vacation, Jean Le Cam trahit sa lassitude d'un Pacifique qui aura malmené hommes et bateaux quand tous attendaient de pouvoir enfin goûter aux longues glissades sur une houle bien ordonnée. De fait, les navigateurs de cette édition 2008 auront eu droit à une copie quasi conforme de ce qu'ils ont déjà vécu dans l'Indien, avec un sentiment de solitude et d'isolement décuplé. Le Pacifique est en effet le plus vaste océan du monde et, plus que jamais, les solitaires y seront loin de tout, parfois jusqu'à 2 000 milles de toute terre habitée. Ajoutons à cela la fatigue légitime imposée par un rythme de course toujours *allegro,* et l'on comprendra aisément que le niveau de stress soit encore monté d'un cran, à quelques exceptions près : la première d'entre elles a pris les traits de Sam Davies, qui, non contente de mener son *Roxy* à bonne allure, abreuve le PC Course d'images qui traduisent son bonheur d'être en mer. *« J'ai choisi de faire le Vendée Globe parce que je n'ai pas trouvé de course en solitaire où l'on passe plus de temps en mer… »*, disait-elle déjà avant de larguer les amarres. Son temps, elle en savoure chaque seconde, des levers de soleil, qu'elle ne saurait manquer pour rien au monde, jusqu'aux longs surfs nocturnes grisants et dangereux. D'autres semblent aussi goûter cette solitude sauvage avec un bonheur certain. Arnaud Boissières, à bord d'*Akena Vérandas*, révèle un peu plus chaque jour un délicieux sens de l'humour mâtiné d'une pincée d'autodérision. Michel Desjoyeaux, fidèle à son image, ne dévoilera presque rien de ses faiblesses. Entre détermination hors norme et besoin de marquer un ascendant psychologique sur ses adversaires, le leader de la flotte n'est pas prêt à livrer aussi facilement ses états d'âme. Roland Jourdain, quant à lui, traduit bien l'ambivalence des sentiments qui agitent ces marins en train de danser sur la peau du diable des antipodes. La fascination du Grand Sud s'accompagne d'un mélange d'exaltation et d'angoisses quand le bateau fonce à plus de 25 nœuds dans la nuit noire et que les vagues déferlent régulièrement de l'étrave au tableau arrière.

**Imperturbable**
Toujours légèrement distanciés, les messages de Cali prouvent que compétition et sens de l'humour sont définitivement compatibles.

Faut que ça fume ! Atlantique, Indien ou Pacifique, Sam Davies est tout sourire… du moment que *Roxy* fonce dans la plume.

# Sébastien Josse
## *BT*

**DANS LE MILIEU,** tout le monde l'appelle « Jojo ». Mais rien à voir avec l'affreux petit garnement ! Pas timide, Sébastien Josse est plutôt discret, réservé, pas le genre à étaler son CV, pourtant unique au monde. Il est le seul marin sur terre à avoir disputé les trois événements majeurs qui tournent autour du globe : le Trophée Jules Verne, la Volvo Ocean Race et le Vendée Globe… et toujours avec succès. D'autres joueraient les gros bras. Lui ne fanfaronne pas. Il a codétenu le Trophée Jules Verne en soixante-quatre jours avec Bruno Peyron en 2002. Il a terminé cinquième du Vendée Globe 2004 malgré un vieux bateau et un choc avec un growler qui aurait pu l'envoyer par le fond. Et il détient toujours le record de distance en vingt-quatre heures sur un monocoque avec son équipage de la Volvo Ocean Race en 2006. Une course qui l'a marqué à jamais. Quelques jours après avoir perdu un équipier tombé à la mer, il sauve dix membres d'équipage d'un voilier concurrent en train de couler. Aussi à l'aise sur une planche de funboard ou sur son moth à foils que sur n'importe quel type de voilier, Sébastien Josse vit pleinement sa passion pour la mer. Une passion découverte à Nice, ville de son enfance, lorsque son père acheta un voilier de croisière qui devint vite leur deuxième maison. Le bac en poche, il traverse l'Atlantique avec son père et reste seul pendant neuf mois à sillonner les Antilles. De quoi façonner ses premiers réflexes de futur régatier solitaire. De retour en France, après des études de mécanique, il remporte une victoire avec le Challenge Espoir Crédit Agricole. Deux saisons Figaro lui sont offertes et lui mettent le pied à l'étrier. Au départ du Vendée Globe 2008-2009, Sébastien Josse faisait donc partie des grands favoris. En tête de la course pendant une dizaine de jours, il conserve toutes ses chances de gagner jusqu'au 26 décembre. Heurté par une énorme vague, son voilier chavire et le safran se tord. Il est contraint d'abandonner et de rejoindre la Nouvelle-Zélande. Quatre ans plus tôt, c'était le 23 décembre qu'il avait heurté un growler dans les mêmes parages. Maudite concordance des temps…

IMOCA
EUR 888
BT
let's make a better world
BT

Dee Caffari à la porte des glaces. Même si elles ont parfois réduit les choix tactiques des uns et des autres, tous les concurrents ont plébiscité la mise en place des portes.

## Marrons glacés en guise de cadeaux de Noël pour les solitaires du Vendée Globe.

Côté classement, rien n'est encore joué au sud de la Tasmanie, porte d'entrée du Pacifique. Michel Desjoyeaux poursuit sa marche en avant, le trio Jourdain-Josse-Le Cam toujours accroché à ses basques, tandis qu'Armel Le Cléac'h, en cinquième position, pointe à plus de 400 milles. Nous sommes alors en pleine période de fêtes. Guirlandes et sapins en plastique viennent égayer les cellules monacales, et on s'apprête à célébrer un drôle de Noël aux antipodes. Mais deux informations majeures vont perturber la récréation : tout d'abord, la porte des glaces Ouest Pacifique est remontée de plus de 300 milles vers le nord-est. La présence d'importants champs d'icebergs a conduit la direction de course à déplacer ces points de passage obligé. Ce qui attire ce commentaire de Roland Jourdain : *« Pour la remontée des portes suivantes, encore un peu et on finira en T-shirt. Plus haut, c'est le canal de Panama ! En tous les cas, ça a le mérite de mettre en lumière l'énorme concentration d'icebergs… »* La deuxième information consiste en un bulletin d'alerte de Météo France qui annonce des vents supérieurs à 50 nœuds et une mer particulièrement dure. *« Noël au baston, le Horn au balcon ? »*

Antiméridien.
Seb Josse va franchir à Noël la ligne de changement de date. Son soulagement sera de courte durée !

# Sombres jours de fêtes

EN MER, LOIN DE TOUT, le 25 décembre est un jour particulier : cette fête au caractère familial si prononcé résonne forcément de manière étrange quand on est seul à l'autre bout du monde. Les cadeaux qu'on déballe, les photos, les lettres et les surprises cachées dans les recoins du bateau ont vite fait de vous mettre le cœur en berne pour peu que les mers du Sud vous réservent ce jour-là un accueil des moins amènes. L'Américain Rich Wilson, comme bien d'autres, accuse ouvertement le coup : « *J'essaie de trouver la dinde lyophilisée et je téléphone souvent à mes amis. Mais, en fait, le jour de Noël, je serai presque à l'autre bout du monde par rapport à Boston… Je n'aime pas trop cette distance qui me sépare de mes proches.* » Malgré tout, il reste encore quelques motifs de réjouissances. Ainsi, Sébastien Josse se prépare à fêter Noël deux fois à vingt-quatre heures d'intervalle. Le skipper de *BT* doit en effet traverser l'antiméridien (180° de longitude E ou 180° de longitude W, c'est selon) le 24 décembre. En franchissant cette ligne imaginaire – dite aussi « ligne de changement de date » – qui passe dans l'est de la Nouvelle-Zélande puis dévie pour éviter de partager certaines îles du Pacifique ou l'archipel des Aléoutiennes au large de l'Alaska, le navigateur, calé sur l'heure locale, gagne à nouveau vingt-quatre heures ! Jojo pourra donc ouvrir ses cadeaux à deux reprises ! Mais au-delà de cette anecdote qui a fait le succès de Philéas Fogg dans son « Tour du Monde en quatre-vingts jours », la traversée du fameux méridien a aussi une vertu symbolique : ces retrouvailles avec les longitudes ouest fleurent bon le retour à la maison.

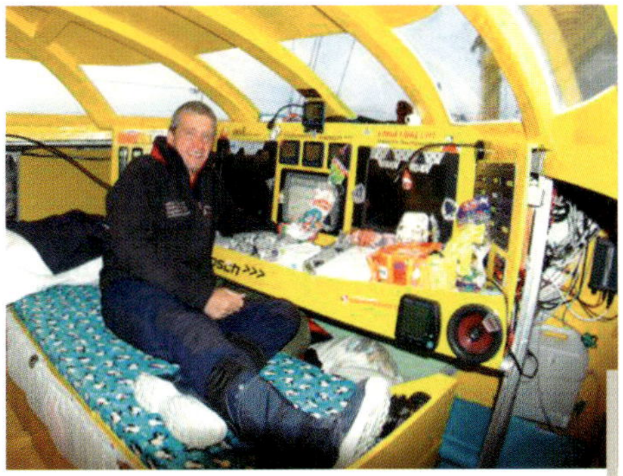

Norbert Sedlacek à la table à carte de son monocoque *Nauticsport-Kapsch.*

***J'essaie de trouver la dinde lyophilisée. Le jour de Noël, je serai presque à l'autre bout du monde par rapport à Boston…***

**Rich Wilson**

# Derek Hatfield

## *Algimouss Spirit of Canada*

**ANCIEN GENDARME ROYAL AU CANADA** reconverti dans la finance, Derek Hatfield a découvert la navigation grâce à un voisin ! Marié et père de deux enfants, il fait preuve d'une belle détermination en construisant pendant cinq ans un 40 pieds avec lequel il participe à Around Alone en 2002. Il termine troisième de sa catégorie, malgré un chavirage et un dématage au large du cap Horn. Pour cette première performance, il est nommé Marin de l'année 2003 au Canada et reçoit le Trophée Gerry Roufs, le seul Canadien ayant disputé le Vendée Globe et qui a disparu lors de l'édition 1996-1997. Auréolé de ce nouveau statut, Derek n'hésite pas à démarrer la construction d'un 60 pieds, le premier construit sur le sol canadien, et mis à l'eau en septembre 2006 sur le lac Ontario. À 56 ans, cet amoureux de la nature, qui participe à un programme de sensibilisation des enfants à l'environnement, veut se lancer dans l'aventure maritime ultime : le Vendée Globe. Seul le financement lui fait encore défaut. Il reprend alors l'idée de Bertrand de Broc en 1996 : offrir au public la possibilité d'inscrire des noms sur la coque en échange d'une modeste participation financière à son projet. Il réussit à boucler son budget et s'élance avec les vingt-neuf autres marins le 9 novembre des Sables-d'Olonne. Mais dès le lendemain du départ, secoué par la violente dépression, il fait demi-tour après 231 milles de course pour réparer son éolienne, arrachée par l'écoute de grand-voile. En arrivant aux Sables dans la nuit du 10 au 11 novembre, il découvre une autre avarie : son rail de mât s'est en partie arraché. La courte escale s'allonge, et il ne repart que cinq jours après tout le monde. Mais son aventure prend un nouveau tournant le 28 décembre lorsque, dans une violente tempête, il chavire au sud de l'Australie et casse deux barres de flèche bâbord. Il pointait alors en seizième position. Derek Hatfield doit se résoudre à abandonner pour rejoindre Hobart (Tasmanie) sous voilure réduite pour ne pas perdre son mât. Son Vendée Globe s'achève le 3 janvier lorsqu'il accoste au port australien.

Sodebo
Algimouss
www.algimouss.com
VELUX
Algimarine
RESPECT DE LA MER
SPIRIT OF CANADA
Algimouss
84

Au taquet.
Michel Desjoyeaux, solidement en tête, est passé tout près de la correctionnelle le 26 décembre.

Comme prévu, le premier gros coup de vent du Pacifique va cueillir violemment l'intégralité de la flotte. Du premier aux derniers, tous ont droit au remake, version mers du Sud, du *Père Noël est une ordure,* Raphaël Dinelli, sur son vénérable *Fondation Océan Vital*, affronte des vents supérieurs à 60 nœuds et se fait coucher sur l'eau à trois reprises alors qu'Arnaud Boissières annonce des « *vracs* » à répétition. Ces deux journées très musclées vont malheureusement provoquer de nouvelles défections. Dans la nuit du 25 au 26 décembre, Sébastien Josse se fait capeler par une déferlante : « *Les conditions étaient affreuses avec des déferlantes et des grains à plus de 65 nœuds, avec de la grêle et de la neige. Je faisais route prudemment avec trois ris et la trinquette quand une vague m'a balayé. Le bateau s'est couché à 110° au moins, avec le mât dans l'eau.* » Le lendemain, Sébastien ne peut que constater l'étendue du sinistre : « *Le roof est fissuré, de l'eau rentre dans la cabine, et tu te dis que c'est grave... Vu les dégâts, ce sont certainement des tonnes d'eau qui se sont abattues sur le bateau. Le plus embêtant, ce sont les safrans : il y en a un qui dit bonjour à l'autre. Je ne peux pas me diriger comme je veux, ni dépasser les dix nœuds. Je suis obligé de bloquer la barre et de faire cap au nord pour trouver des eaux plus calmes. Si le safran est valide, clignotant à droite, et la course reprend. Sinon, cap à gauche, et la course est finie...* » Devant l'ampleur des réparations, il décide de gagner la Nouvelle-Zélande. Sébastien Josse qui quitte la course, c'est encore un des prétendants les plus crédibles à la victoire qui disparaît. On le saura plus tard, mais c'est dans ce même coup de vent que Michel Desjoyeaux faillit, lui aussi,

**« Les conditions étaient affreuses avec des déferlantes et des grains à plus de 65 nœuds, avec de la grêle et de la neige. »**

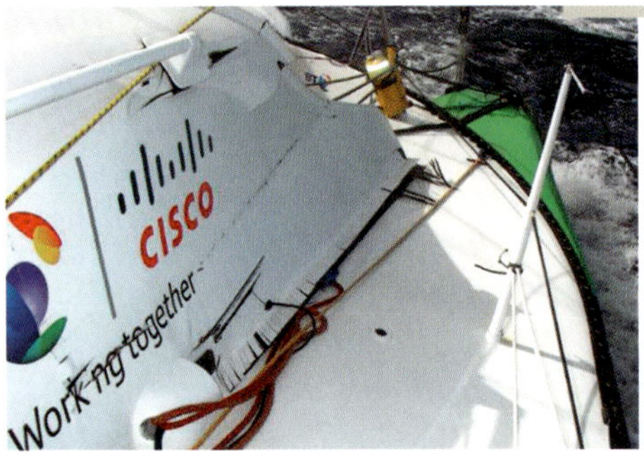


Josse contraint à l'abandon.
L'état du roof de BT témoigne de la violence de la vague qui a capelé le monocoque de Sébastien.

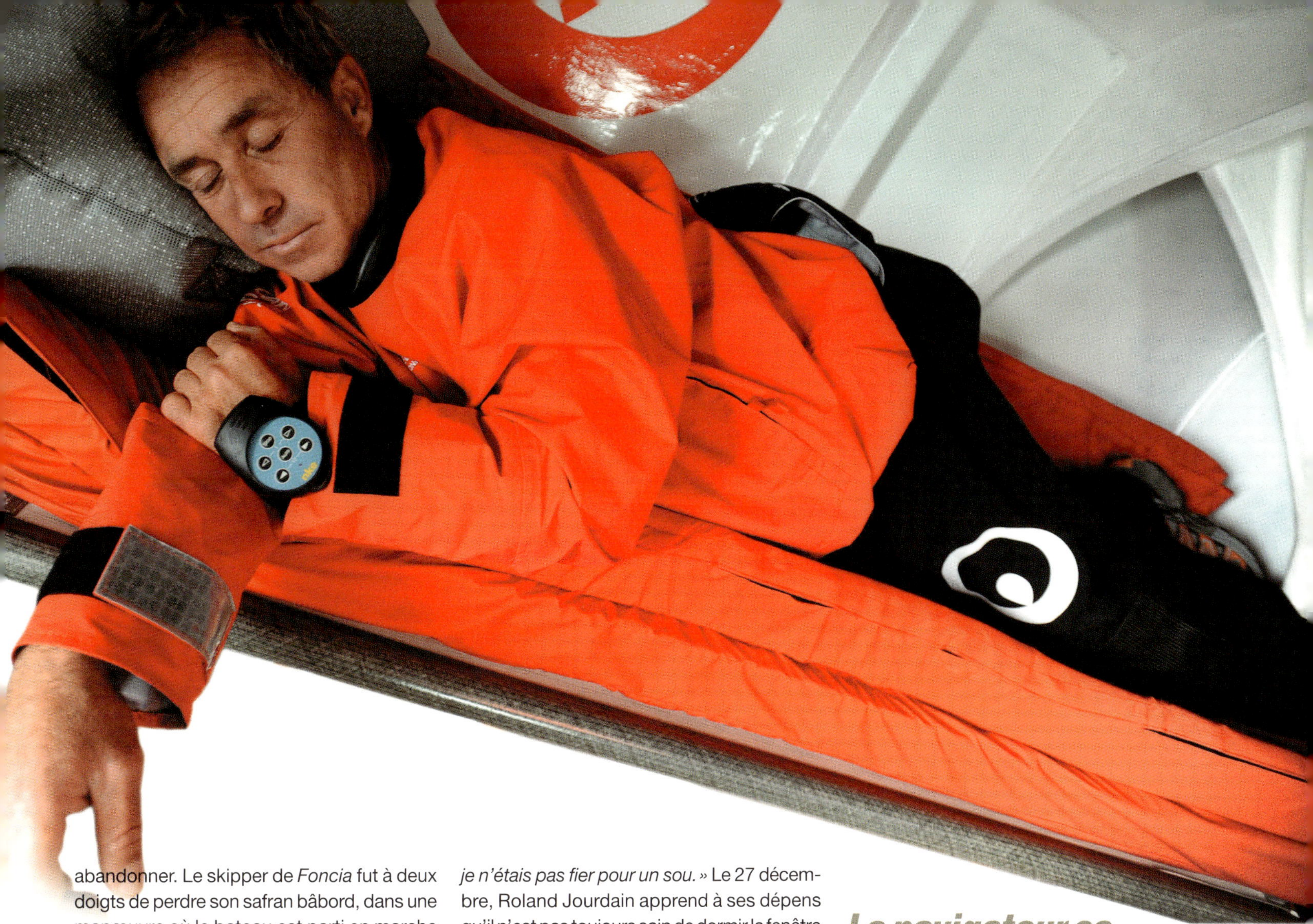

abandonner. Le skipper de *Foncia* fut à deux doigts de perdre son safran bâbord, dans une manœuvre où le bateau est parti en marche arrière sous la pression d'un vent contraire et d'une vague puissante. De son côté, Armel Le Cléac'h, nouveau venu dans les mers du Sud, s'en remet tout juste : *« Tout simplement la pire journée que j'aie vécue depuis le départ du Vendée ! 40 à 45 nœuds de vent établi avec des pointes à 60 nœuds dans les grains, une mer démontée, l'enfer… Ça m'a permis de battre des records : record de vent avec 62 nœuds enregistrés, record de hauteur de vague avec des creux qui devaient dépasser les 10 mètres et record de vitesse avec 32 nœuds dans un surf. Mais je peux vous dire qu'à ce moment-là, je n'étais pas fier pour un sou. »* Le 27 décembre, Roland Jourdain apprend à ses dépens qu'il n'est pas toujours sain de dormir la fenêtre ouverte. Le navigateur, qui confesse une légère claustrophobie, se reposait à l'intérieur de son *Veolia Environnement* quand une vague s'est engouffrée dans son habitacle… La porte de la descente n'était pas fermée. 300 litres d'eau de mer dans un espace restreint bourré d'informatique et d'électronique ont vite fait de transformer le plus coquet des intérieurs en véritable capharnaüm. Au final, Bilou s'en sortira avec le moteur de quille hors service ce qui l'obligera à basculer son appendice manuellement à chaque changement d'assiette de son bateau…

**Le navigateur se reposait à l'intérieur de son Veolia Environnement quand une vague s'est engouffrée dans son habitacle…**

## *Un Vendée Globe qui s'est vite transformé pour lui en un chemin de croix.*

Malgré ses déboires, le skipper de *Veolia Environnement* n'est pourtant pas le plus à plaindre. Dans les remous tumultueux de Sébastien Josse, trois coureurs seront contraints de renoncer à leur course. Le 28 décembre, le Canadien Derek Hatfield décide de faire route vers la Tasmanie : dans un gros coup de sud-ouest, le bateau s'est couché, le mât d'*Algimouss Spirit of Canada* a percuté l'eau et deux barres de flèche se sont brisées. Il est alors à 1 000 milles de Hobart, où il effectuera une longue escale technique avant de repartir tranquillement en convoyage.

Le 31 décembre, quelques heures à peine après avoir envoyé son message de vœux pour 2009, c'est le tour du malchanceux Jean-Pierre Dick. Pour la deuxième fois, un ofni, vraisemblablement un growler, a percuté *Paprec-Virbac 2* et arraché son seul safran encore valide. C'est un coup très dur pour l'ancien vétérinaire qui, s'il n'espérait plus la victoire finale, avait à cœur de terminer la course. Jean-Pierre avait déjà cumulé des heures de stratification et de ponçage dans le froid et l'humidité pour remettre en état son safran tribord rebaptisé, « Ivory » en hommage à la chanson de Paul McCartney et Stevie Wonder. Le 4 janvier, enfin, c'est Jonny Malbon (*Artemis*) qui annonce son abandon suite à des problèmes de délaminage de grand-voile. Depuis le départ, l'ancien DJ a eu du mal à prendre la mesure d'une course exigeante tant pour les hommes que pour le matériel. Ce sont finalement quelques vulgaires toiles de carbone qui auront eu raison de sa détermination à terminer un Vendée Globe qui s'est vite transformé pour lui en un chemin de croix.

Dernière danse. Rien ne va plus pour l'ancien DJ Jonny Malbon, contraint d'abandonner à cause de sa grand-voile entièrement délaminée.

Jean-Pierre Dick, dernier abandon de 2008. Alors qu'il s'apprête à entrer dans la nouvelle année avec un moral tout neuf, Jean-Pierre Dick brise son seul safran valide sur un growler. Quand rien ne vous sourit…

# Jean-Pierre Dick

## *Paprec-Virbac 2*

**IL AURAIT PU SUIVRE UNE VOIE TOUTE TRACÉE** reprendre les rênes d'une entreprise familiale florissante dans la santé animale. C'est ce qu'il a commencé par faire après ses études de vétérinaire, puis de management. Mais ce n'était pas son destin. Lui rêvait de haute mer et de courses au large. En 2001, à 36 ans, sa décision est prise. Il troque son costume cravate pour des bottes et un ciré. Niçois, fortuné et arrivé sur le tard dans le milieu de la course, Jean-Pierre Dick présente un profil atypique à côté des Bretons tombés dans la marmite dès leur plus tendre enfance. Pas facile de se faire accepter tout de suite. Mais « Jipé », de son surnom, cultive intelligemment cette différence. Il le prouve d'emblée en construisant en Nouvelle-Zélande le premier 60 pieds Imoca sur plan Farr. Un challenge qu'il transforme vite en succès. Les victoires s'enchaînent en double, et il termine son premier Vendée Globe à une prometteuse sixième place malgré de nombreux soucis techniques. Sa méthodologie fait recette. Les meilleurs skippers commandent à leur tour des plans Farr. Parallèlement, Jean-Pierre sait s'entourer de gens compétents pour apprendre à leur contact. Et il apprend très vite. Troisième de la Route du Rhum 2006 derrière Jourdain et Le Cam, il signe sa plus grande victoire l'hiver suivant en remportant, avec Damian Foxall, la Barcelona World Race. Avec deux tours du monde et une demi-douzaine de transats dans son sillage, il compte l'une des plus grandes expériences en 60 pieds monocoques des trente concurrents au départ. Après un mois de course sur le Vendée Globe 2008-2009, il rivalise avec les meilleurs marins en solitaire de la planète et prend même les commandes de la course avant qu'un premier ofni n'endommage un de ses safrans. Terrible coup du sort ! Il se détourne, répare et heurte deux semaines plus tard, le 31 décembre, un autre ofni qui arrache cette fois-ci l'autre safran. Au terme d'une navigation difficile et périlleuse, avec un seul safran mal en point, il réussit à ramener seul son bateau en Nouvelle-Zélande. Seule consolation dans son malheur : Jipé sait désormais qu'il est capable de remporter de grandes courses en solitaire.

Paprec
recyclage
Virbac
SANTÉ ANIMALE

# Du bienfait des bonifications

**M**ARC GUILLEMOT l'avouera sans détour lors de la conférence de presse qu'il tiendra à l'arrivée : « *J'ai trouvé sur ce Vendée Globe tout ce que je n'étais pas venu chercher…* » Lui qui était venu jouer pour une régate planétaire, lui qui déteste plus que tout les parties de grimpette improvisées en tête de mât doit faire escale pour tenter de réparer son rail défectueux, l'empêchant de hisser sa grand-voile au-delà du troisième ris. « *Au final, j'ai dû y monter une bonne vingtaine de fois, en haut de ce sacré pommier…* » L'arrêt technique est tout trouvé : l'île d'Auckland, à plus de 300 milles dans le sud-ouest de la Nouvelle-Zélande, semble offrir les garanties d'un mouillage suffisamment abrité pour qu'il puisse envisager de jeter l'ancre. Le 27 décembre, Safran mouille dans Sandy Bay : « *C'est un endroit magique : un troupeau de morses sur la plage, des phoques autour du bateau et plein d'oiseaux. Il a fait un temps magnifique pendant deux ou trois heures, si ce n'était la température, on se serait cru sous les tropiques…* » Mais tout n'est pas rose pour autant. Marc doit se rendre à l'évidence : le rail est abîmé en plusieurs endroits, la réparation sera plus fastidieuse que prévu… L'escale durera finalement douze heures, sous l'œil des mammifères marins et de deux scientifiques, sans doute éberlués de ne pouvoir établir le moindre contact avec ce navigateur venu de nulle part. De sauveteurs australiens à des scientifiques néo-zélandais, le tour du monde de Marc Guillemot se peuple de rencontres impromptues ; la remontée de l'Atlantique lui démontrera que la liste est loin d'être close. Ses efforts seront néanmoins récompensés par une bonne nouvelle. Le 5 janvier, le jury international rend son verdict concernant les bonifications de temps accordées à Marc et à Sam Davies pour leur assistance à Yann Eliès. Le skipper de *Safran* se voit crédité d'un bonus de quatre-vingt-deux heures et Sam de trente-deux. Cette décision fait l'unanimité au sein de la flotte. Leurs adversaires considèrent que justice est rendue. Ces bonifications prennent en compte non seulement le temps d'arrêt des navigateurs, mais aussi celui perdu à sortir d'un système météo… sans compter l'impact psychologique d'une telle mission. Reste que les calculettes seront de sortie jusqu'au passage de la ligne d'arrivée.

**Pour Marc Guillemot, la compétition se transforme en un parcours du combattant émaillé de rencontres insolites.**

Du haut du mât de *Safran*, vue sur Sandy Bay. L'île d'Auckland abrite quelques scientifiques qui vivent en compagnie de milliers d'éléphants de mer.

Une vingtaine d'ascensions
en trois mois.
Le comble pour un
navigateur qui avoue détester
les exercices d'alpinisme…

*Foncia* dans le détroit de Le Maire.
Petit temps et mer plate après le cap Horn viennent récompenser le parcours exemplaire de Michel Desjoyeaux dans les mers du Sud.

Steve White,
la révélation.
Le navigateur britannique, qui était au départ un des moins préparés de la flotte, a pris petit à petit la mesure de cette course hors norme.

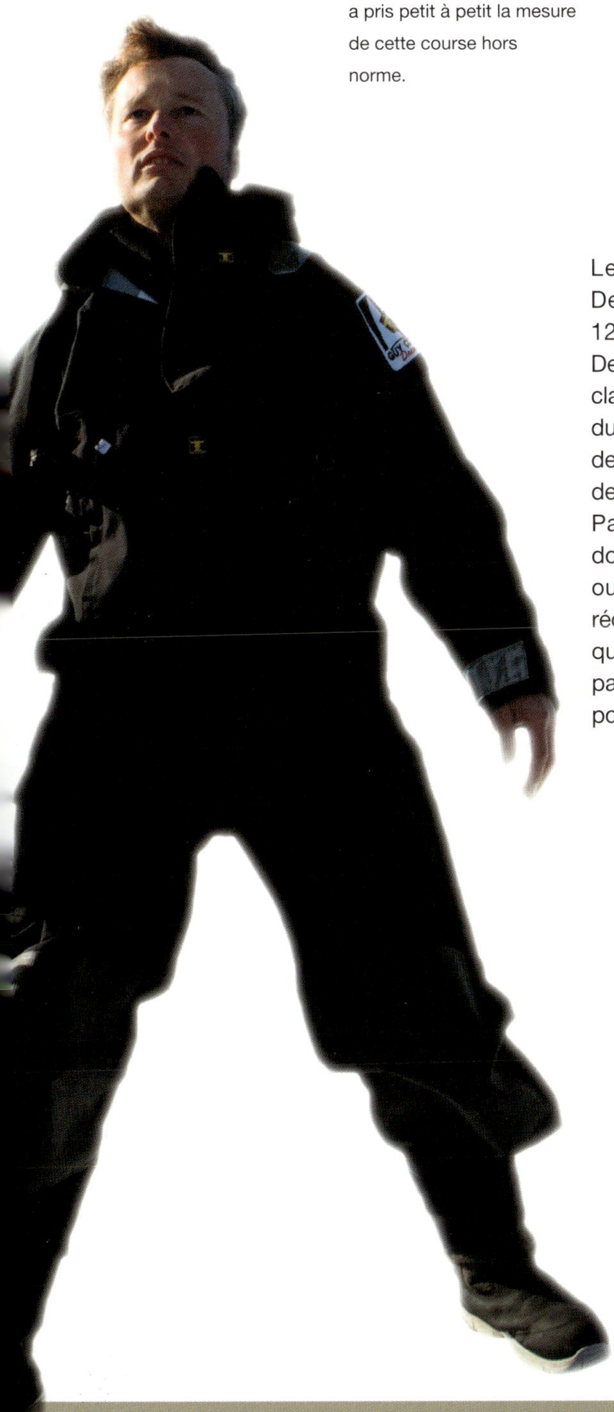

## Michel Desjoyeaux : « Cette année, on n'a pas débandé. C'est plaisant de quitter cette obsession du vent fort permanent. »

Le 5 janvier est aussi le jour où Michel Desjoyeaux va franchir le cap Horn, avec 120 milles d'avance sur Roland Jourdain. Derrière, les écarts s'étirent et le classement, clairsemé, révèle le lourd tribut payé aux mers du Sud. Cinq des dix abandons ont concerné des marins ayant pointé en tête à un moment de la course. Une véritable érosion de favoris ! Parmi les rescapés, rares sont ceux qui ne doivent pas composer avec des avaries plus ou moins gênantes : problèmes de ballasts récurrents pour Brian Thompson, grand-voile qui se délamine pour Dee Caffari, moteur en panne pour Vincent Riou, vit-de-mulet cassé pour Steve White, solent déchiré pour Arnaud Boissières… Et cet inventaire à la Prévert ne recense qu'une petite partie des bobos, ceux que les navigateurs ont bien voulu dévoiler. Pour le reste, au sein du groupe de tête, c'est secret défense. Mais qu'importe désormais : le Horn est en vue, et c'est bientôt la fin des heures sombres. Le passage imminent de cette frontière ravive les fiertés et efface les lassitudes. Même Michel Desjoyeaux le laisse transparaître juste après son passage du fameux cap dur : « *Ce n'est pas que j'aie mal vécu les mers du Sud, mais il n'y a jamais eu de répit entre deux coups de vent. Cette année, on n'a pas débandé. C'est plaisant, de quitter cette oppression du vent fort permanent* ».

Dee, la dentellière.
Sa grand-voile qui part en lambeaux n'empêchera pas la navigatrice d'*Aviva* de boucler son tour du monde de fort jolie manière.

# Jonny Malbon
## *Artemis*

**PETIT-FILS D'UN AMIRAL,** Jonny Malbon a d'abord sacrifié quelques années à de précieuses études à la Greenwich University avant d'assouvir pleinement sa passion. D'abord comme moniteur de voile, de planche à voile et de kayak à la United Kingdom Sailing Academy de Cowes, sur l'île de Wight. C'est là qu'il rencontre Paul Bennett, qui jouera les intermédiaires entre Jonny et Mike Golding. En 1998, à 24 ans, il devient préparateur et équipier du fer de lance des coureurs du large britanniques. Avec Golding, il parcourt plus de 30 000 milles avant de partir à San Francisco vivre une nouvelle aventure : entraîner un équipage américain en vue du BT Global Challenge 2000. Retour au pays en 2001 pour participer à l'organisation de l'EDS Atlantic Challenge. Une nouvelle rencontre, avec Mark Turner et Ellen MacArthur, le propulse boat captain du *Kingfisher* de dame Ellen. Les voyages formant la jeunesse, il n'hésite pas à poser son sac sur le maxi-catamaran Doha au côté de Brian Thompson, avec qui il remporte l'Oryx Quest, un tour du monde en équipage au départ du Qatar en 2005. Aussi excellent préparateur qu'équipier, Jonny est à nouveau enrôlé par Brian au sein de l'Artemis Ocean Racing, où le second finit par prendre la place de son skipper. Une succession qui offre l'opportunité au jeune navigateur de disposer d'un tout nouveau monocoque 60 pieds ultra-puissant alors même qu'il n'a encore jamais disputé une course en solitaire ! Un paradoxe qui, dans un premier temps, n'effraie pas Malbon. Mais une construction et une préparation tardives l'amènent au départ du Vendée Globe 2008-2009 sans avoir régaté avec sa nouvelle monture et avec pour seule expérience du solitaire sa qualification… pendant laquelle il reconnaît s'être fait un peu peur ! Après une première moitié de course tout en prudence, il décide le dimanche 4 janvier de tourner à gauche vers la Nouvelle-Zélande à cause, notamment, de problèmes récurrents de délaminage dans sa grand-voile. Alors en treizième position, il est le seizième concurrent à jeter l'éponge dans ce Vendée Globe.

Sodeb'O
Partenaire du
vendéeglobe
IMOCA
VENDÉE

Sortir de l'isolement. Comme l'avouait Sébastien Josse quelques jours avant son abandon : *« Avec Jean, au téléphone, on piapiate pas mal… »*.

# Jean Le Cam ne répond plus

LE 6 JANVIER, Jean Le Cam s'apprête à franchir le Horn en troisième position. À 200 milles à l'ouest de la Terre de Feu, le skipper de *VM Matériaux* est en grande conversation téléphonique avec Vincent Riou, son adversaire de 2004, devenu depuis l'un de ses plus solides complices. C'est alors que tout bascule, comme le raconte le skipper de *PRB* : *« On était en train de bavarder quand Jean m'a dit : "Je te laisse, il y a un truc bizarre… " Il a raccroché et plus moyen de le joindre à nouveau par la suite. Je me suis dit qu'il s'était peut-être passé quelque chose de grave. »* À bord de son monocoque fuchsia, Jean a senti un choc brutal, puis le bateau s'est comporté de manière anormale. Vraisemblablement, une collision avec un conteneur immergé a provoqué la perte du bulbe. *VM Matériaux* est en train de chavirer. Il est 1h28 en Bretagne quand Michel Ollivier, directeur technique du projet, est tiré de son sommeil par un coup de téléphone : *« Michel, c'est Jean… Je suis en train de me coucher sur l'eau. Il y a une grosse merde, Michel, ça se retourne. »* La conversation s'arrête brutalement. Michel est celui qui parle quotidiennement à Jean au téléphone, qui supporte ses humeurs quand les choses vont mal, qui partage aussi ses moments de bonheur, qui alimente toutes les informations susceptibles d'intéresser son skipper, qui recueille les avis techniques en vue d'un éventuel nouveau bateau. *« Tout d'abord, il faut le temps de réaliser, de comprendre. Tu es chez toi, au milieu de la nuit, c'est la situation des plus mauvais cauchemars qui te tombe dessus. Dehors, tout est calme, tranquille, et tu es plongé dans un autre monde. C'est surréaliste. »* Immédiatement, il entre en contact avec la direction de course, puis avec les partenaires du bateau. La procédure de sauvetage est lancée avec le *MRCC Chili*. Tout de suite, Vincent Riou (*PRB*) et Armel Le Cléac'h (*Brit Air*), qui pointent à une centaine de milles de là, sont déroutés. Une heure plus tard, la balise de détresse de Jean envoie son premier écho.

**Entre les adversaires de 2004 est née une véritable complicité.**

Vincent Riou : *« Dès que Jean a raccroché, j'ai senti qu'il s'était passé quelque chose de grave… Pourtant, des conversations qui cessent parce que l'un des deux a fait un vrac, on connaît. »*

# Jean Le Cam

## *VM Matériaux*

**LA TIGNASSE NOIRE TOUJOURS ÉBOURIFFÉE,** le sourire au coin des lèvres et les yeux pétillants trahissent chez Jean Le Cam une forme d'espièglerie. Ses vidéos envoyées pendant le Vendée Globe dévoilent également un penchant pour l'autodérision et un talent de la mise en scène. Passé maître dans l'art des silences qui en disent long, il est également capable de longues tirades où parfois de simples évidences révèlent une certaine philosophie. Comme pour ses compères Roland Jourdain et Michel Desjoyeaux, le parcours de Jean Le Cam démarre du côté de Port-La-Forêt. Entre ces trois-là, les liens de l'amitié ont même tissé des liens familiaux, puisqu'un des frères Desjoyeaux s'est marié avec une sœur Le Cam. En 1984, Jean participe à la création du chantier CDK avec Hubert Desjoyeaux, devenu son beau-frère. Comme Mich' et Bilou, Jean a découvert le grand large à l'école Tabarly. Au départ, il aime surtout concevoir et construire des bateaux. Les faire ensuite naviguer le plus vite possible devient rapidement une troisième raison d'être. Double champion du monde de Formule 40, triple vainqueur de la Solitaire du Figaro (comme Philippe Poupon et Michel Desjoyeaux), le « Roi Jean » – surnom donné sur le circuit Figaro – possède un des plus beaux palmarès de la voile française. Il ne lui manque qu'une grande épreuve d'envergure comme le Vendée Globe ou la Route du Rhum. Pourtant, la victoire lui a échappé de peu sur ces deux épreuves. Il termine à six heures et trente trois minutes derrière Vincent Riou lors du Vendée Globe 2004-2005 – plus petit écart jamais enregistré entre les deux premiers sur le Vendée Globe – et à seulement vingt-huit minutes dans le sillage de son ami Bilou sur la Route du Rhum 2006. Son chavirage au large du cap Horn pour son deuxième Vendée Globe, suivi de son spectaculaire sauvetage par Vincent Riou, fut l'un des événements majeurs de cette sixième édition. Alors en troisième position derrière Desjoyeaux et Jourdain – encore eux ! – Jean Le Cam heurte un ofni et perd son bulbe. En quelques secondes, son monocoque chavire et se retourne. À peine revenu à terre, affecté par la perte de son monocoque, il confirme néanmoins qu'il sera une nouvelle fois au départ du Vendée Globe en 2012. Le Roi Jean a encore quelques belles histoires à raconter…

MATÉRIA
Sodebo
118
VM MATÉRIAUX
118

## *L'avion de la marine chilienne confirme ce qu'on pressentait : Jean Le Cam a chaviré.*

Un relais indispensable
Michel Ollivier, directeur technique du projet *VM Matériaux*, fera l'interface indispensable avec la direction de course.

Tout le monde l'interprète comme un signe rassurant : il est clair que Jean était à l'intérieur au moment du chavirage, et le fait qu'il puisse déclencher sa balise prouve qu'il est vivant. On ne le saura que plus tard, mais en réalité, la balise s'est déclenchée automatiquement sous l'effet de la pression hydrostatique de l'eau qui a envahi en partie la cabine. Rapidement, un avion de la Marine chilienne est dépêché sur zone : les premiers clichés qu'il ramène montrent le bateau retourné. Le voile de quille est toujours présent mais le bulbe a disparu. Surtout, les images révèlent que le bateau n'est pas dans son assiette normale : *VM Matériaux* est fortement incliné vers l'arrière. Dans ces conditions, la sortie par la trappe de sécurité dans le tableau arrière risque d'être scabreuse. Entre la direction de course, Michel Ollivier et Éric Levet, du cabinet d'architecte Lombard, commencent des échanges sur la meilleure façon de procéder. D'après leurs conclusions, la solution, pour l'équipe d'intervention, est de pénétrer dans le bateau en perçant sur le flanc à la hauteur du pic avant. Selon toute vraisemblance, le navigateur a dû se réfugier à cet endroit, à l'avant du bateau. Entre-temps, un pétrolier est arrivé sur zone, de même que Vincent Riou, suivi d'Armel Le Cléac'h. Vincent s'enquiert immédiatement de l'état de son camarade. Il longe plusieurs fois *VM Matériaux* retourné, crie, lance des objets sur la coque pour signaler sa présence, quand il entend enfin Jean lui répondre. Tout va bien, il est à bord, sain et sauf… Pour signaler sa présence, Jean lance une fusée de détresse au travers du passe-coque de son bateau retourné : « *Pas la meilleure idée que j'aie eue. Le diamètre du passe coque était pile celui de la fusée de détresse. En prime, j'ai enfumé tout le poste avant.* » Au final, un petit drapeau passé par le même orifice fera parfaitement l'affaire…

**Armel et Vincent, à tour de rôle, cerclent à proximité immédiate du monocoque retourné.**

Le pétrolier Snalgol-Kassanje, premier sur zone, restera en stand-by jusqu'à ce que Jean soit sauvé.

Alors que la marine chilienne a envoyé une équipe de plongeurs censés arriver dans la journée, Vincent et Armel veillent à tour de rôle autour de *VM Matériaux*. C'est lors d'un de ses multiples passages le long du monocoque chaviré que Vincent constate une agitation suspecte à l'arrière : des bidons, des affaires hétéroclites s'échappent par la trappe de survie. Quand soudain, Jean surgit en combinaison TPS et s'accroche au safran du bateau. Jugeant sa situation peu enviable, il a décidé de quitter son abri au prix d'une plongée dans l'eau glacée à l'intérieur de son bateau. Mais le navigateur n'est pas tiré d'affaire pour autant. À chaque vague, il est à moitié submergé tant l'arrière de son monocoque est maintenant enfoncé dans l'eau. Dans la tête de Vincent, les choses sont claires : Jean n'est pas en sécurité dans cette position, il faut tenter de le récupérer. Vincent effectue alors plusieurs passages : ils ont décidé que Jean ne lâcherait prise que lorsqu'il aurait attrapé le bout que Vincent lui lance et qu'il aurait pu s'amarrer dessus. Après plusieurs tentatives infructueuses, Vincent se rapproche encore : cette fois-ci est la bonne. Jean peut se jeter à l'eau. Mais dans la manœuvre, l'outrigger de *PRB* heurte le voile de quille de *VM Matériaux* et se brise. À peine a-il grimpé à bord que le naufragé se retrouve à tenter de manœuvrer pour retenir le mât de *PRB* avant qu'il ne tombe. Pour *Brit Air,* qui s'était éloigné de la position pour réparer son moteur, c'est le choc : « *Quand je suis revenu, j'ai vu que le bateau de Vincent*

Quart de veille pour Armel Le Cléac'h. Le Horn restera marqué du souvenir du sauvetage de Jean.

# Vincent Riou

## *PRB*

**DISCRET, SIMPLE, AUTHENTIQUE…**
Vincent Riou est aussi une force tranquille. Un animal à sang froid qui conserve son calme quelles que soient les situations. Son physique de rugbyman, il le met au service de son bateau, ou au service des autres lorsqu'il retrouve ses camarades sauveteurs en mer à Loctudy. Sur le Vendée Globe 2008-2009, le hasard a voulu que ce soit lui qui aille sauver Jean Le Cam suite à son chavirage au large du cap Horn. Le Cam et Riou, les duellistes de l'édition 2004-2005, se retrouvent quatre ans plus tard sur le même bateau. Et, pas de chance pour Vincent, au moment de récupérer Jean, son outrigger se brise sur le voile de quille retourné du bateau de Le Cam. Leurs destins sont désormais liés. Vingt-quatre heures plus tard, ils démâtent et terminent tous les deux le Vendée Globe à Ushuaïa. Originaire de Loctudy, Vincent Riou débute comme moniteur de voile puis chef de base aux Glénans. Mais la course au large est un virus attrapé très jeune. Dès l'âge de 21 ans, il participe à la Route du Café 1993 (en solitaire) et termine malgré une importante voie d'eau. Triple champion de France de First Class 8, double vainqueur de la Calais Round Britain Race, Vincent Riou atteint l'Everest en remportant le Vendée Globe 2004-2005 avec seulement six heures et trente-trois minutes d'avance sur Le Cam, le plus petit écart de l'histoire du Vendée Globe. Ancien préparateur et routeur de Michel Desjoyeaux, qui lui avait transmis son bateau et son sponsor après sa victoire dans le Vendée Globe 2001, Vincent Riou en est le digne héritier. Mais depuis la mise à l'eau de son nouveau monocoque, un plan Farr, sister-ship de celui de Desjoyeaux, la malchance semble s'acharner sur lui. D'abord avec deux démâtages consécutifs sur la Route du Rhum 2006 et la Barcelona World Race 2007. Puis c'est un requin pèlerin qui se met en travers de sa route et endommage sa quille sur la Transat anglaise 2008. Pendant sa qualification, il heurte un conteneur. Malheureusement pour Vincent, la mauvaise loi des séries n'est pas restée à quai au départ de ce Vendée Globe. Il se blesse au pied dans les mers du Sud et doit passer des journées entières allongé, incapable de tenir debout. Malgré la douleur, il ne se plaindra jamais et tiendra le rythme pour rester dans la course. La suite est connue : le sauvetage de Jean et le démâtage qui a suivi… Puisqu'il n'est en rien responsable de cet incident, le jury international lui a accordé une réparation et l'a classé troisième à égalité avec Marc Guillemot.

PRB LES PRODUITS
Sodeb'O
Partenaire du vendéeglobe
bouyer leroux
murs, cloisons
www.PRB.fr
Produits de Revêtement du Bâtiment
85
Produits de Revêtement du Bâtiment
IMOCA OCEAN RACING
VENDÉE

À bord de *PRB*, Vincent Riou découvre la situation de Jean Le Cam

*VM Matériaux* retourné, le tableau arrière enfoncé dans l'eau.

Pierre-Louis Castelli et Philippe de Villiers lors d'une visioconférence exceptionnelle avec Jean Le Cam et Vincent Riou à bord de *PRB*.

Le cap Horn en double, une première dans le Vendée Globe !

Les deux navigateurs accueillis à Puerto Williams par Isabelle Autissier.

Complices.
Les visages marqués ne peuvent pas masquer le bonheur des deux solitaires à se retrouver ensemble, sains et saufs.

*avait le mât sous le vent et que l'outrigger était cassé. Mais à côté de lui, il y avait un autre gars en combinaison TPS ! C'était incroyable, de l'émotion dans tous les sens.* » Jean Le Cam, avec son sens de la formule, commentera l'affaire sobrement : « *De toutes les manières, tu sais que dans cette situation, il n'y a qu'une seule balle dans le barillet…* » Armel reprendra doucement sa route et franchira le Horn en troisième position de ce Vendée Globe. Quant à Vincent et Jean, adversaires d'hier, ils poseront ensemble devant le fameux caillou avant que les rêves de Vincent ne s'écroulent quand la réparation de fortune bricolée pour retenir le mât lâchera. Accueillis par Isabelle Autissier en stand-by à Puerto Williams dans l'attente d'une navigation en Géorgie du Sud, les deux hommes profiteront de l'hospitalité de l'ex-skipper de *PRB* pour se reconstruire un moral tout neuf entre bateau blessé et tracasseries administratives liées à « *l'entente cordiale* » entre Argentins et Chiliens. Le jury devra se remettre au travail pour la deuxième fois, accordant finalement une bonification de onze heures à Armel Le Cléac'h et adjugeant à Vincent une troisième place. Pour la première fois, le podium du Vendée Globe accueillera donc quatre navigateurs.

**Franchir le Horn en troisième position, un bonheur inespéré pour Armel Le Cléac'h.**

Photo souvenir.
Le skipper de *Brit Air* consentira même à un léger détour pour fixer cet instant dans sa mémoire.

Cap-Hornière !
Pari réussi pour Sam, qui garde néanmoins une certaine nostalgie des mers du Sud.

Le Horn réservera aussi un accueil particulièrement musclé à la bande des trois, Brian Thompson (*Bahrain Team Pindar*), Dee Caffari (*Aviva*) et Arnaud Boissières (*Akena Vérandas*). Un centre dépressionnaire très actif se prépare à générer des vents de nord-ouest particulièrement violents et une mer démontée au nord du fameux caillou. Comme le règlement l'autorise en cas de danger pour l'intégrité des bateaux, l'organisation de la course, en relation avec Météo France, propose un plan de route adapté à chaque navigateur pour échapper au pire. Brian Thompson passera ainsi plusieurs heures sous grand-voile seule à trois ris à naviguer sous le vent de l'île des États, Arnaud Boissières, quant à lui, plongera à près de 50 milles au sud du cap Horn pour échapper à la mer, quand Dee Caffari patientera côté Pacifique avant de rentrer en Atlantique.

Dans le cœur des marins, le franchissement du cap Horn est un moment unique. Et malgré l'impossibilité pour certains d'immortaliser l'instant faute de visibilité ou de conditions praticables, le passage de cette ultime barrière avant les eaux de l'Atlantique Sud reste un grand moment de fierté et de soulagement. Le 4 février, Norbert Sedlacek (*Nauticsport-Kapsch*) est le dernier concurrent à doubler le Horn, trois jours après l'arrivée triomphale de Michel Desjoyeaux (*Foncia*) aux Sables-d'Olonne. Seule Sam Davies (Roxy) manifestera le regret de quitter ces mers du Sud et leur solitude sauvage. Manifestement, la demoiselle britannique est faite d'un drôle de bois exotique…

**Le Horn est un aboutissement, même si la course est loin d'y être terminée.**

Et maintenant,
à l'attaque!
Même si Bilou aime à se mettre en scène, il est au passage du Horn la seule menace sérieuse pour Michel Desjoyeaux.

# Océan Pacifique (1)

**Rien à voir entre le Pacifique des premiers, celui du groupe du milieu et celui des retardataires ! Les grandes houles ont fait place à un violent carton qui ne laisse plus que deux leaders, puis à un temps plus clément pour le peloton, pour se terminer par des calmes en queue de flotte… Et malgré cela, Michel Desjoyeaux est encore le plus rapide sur cette tranche du parcours.**

## Carton plein !

Difficile de critiquer un vainqueur qui relègue son dauphin à près d'une semaine à l'arrivée ! Et pourtant, le choix de Michel Desjoyeaux au passage de la Nouvelle-Zélande marque une petite erreur d'appréciation : en optant pour une route très sud, entre les îles de Macquarie et de Campbell par 54° Sud, le leader enchaîne trois empannages et perd plus de 20 milles sur son dauphin, Roland Jourdain et près de 50 sur Sébastien Josse… Comme par « hasard », c'est pendant le black-out des positions de la nuit que le futur vainqueur se fourvoie : il revient très vite aux fondamentaux du contrôle tactique pour se repositionner sur la même route que son adversaire direct… Bien lui en prend, car il faut impérativement remonter vers le nord-est pour aller chercher la porte néo-zélandaise, située sur le 48° Sud ! C'est d'ailleurs le 25 décembre que le leader manque d'abandonner alors qu'il faut quasiment faire du près dans une mer déchaînée : ceux qui sont restés au nord de l'orthodromie reviennent dans le match, à l'image de Vincent Riou et d'Armel Le Cléac'h, qui grappillent près de 200 milles en trois jours.

Et comme la prochaine porte est encore plus au nord (45° Nord) et distante de seulement 600 milles, il n'y a pratiquement aucune option possible, si ce n'est l'empannage. Les moyennes prennent des tours, surtout pour les deux premiers, qui cherchent à rester le plus longtemps possible en bordure du front , qui génère des vents de nord-ouest supérieurs à 30 nœuds. En plus, à 450 milles derrière, les inséparables Le Cléac'h-Riou n'ont déjà plus la même brise : obligés de naviguer plus au nord que la route directe, ils se voient contraints d'empanner quand les leaders filent tout droit à plus de 16 nœuds de moyenne… C'est le moment du break fatal au passage de la dernière porte Pacifique Est : Jean Le Cam est à près de 300 milles et le duo Vincent-Armel à plus de 650 milles !

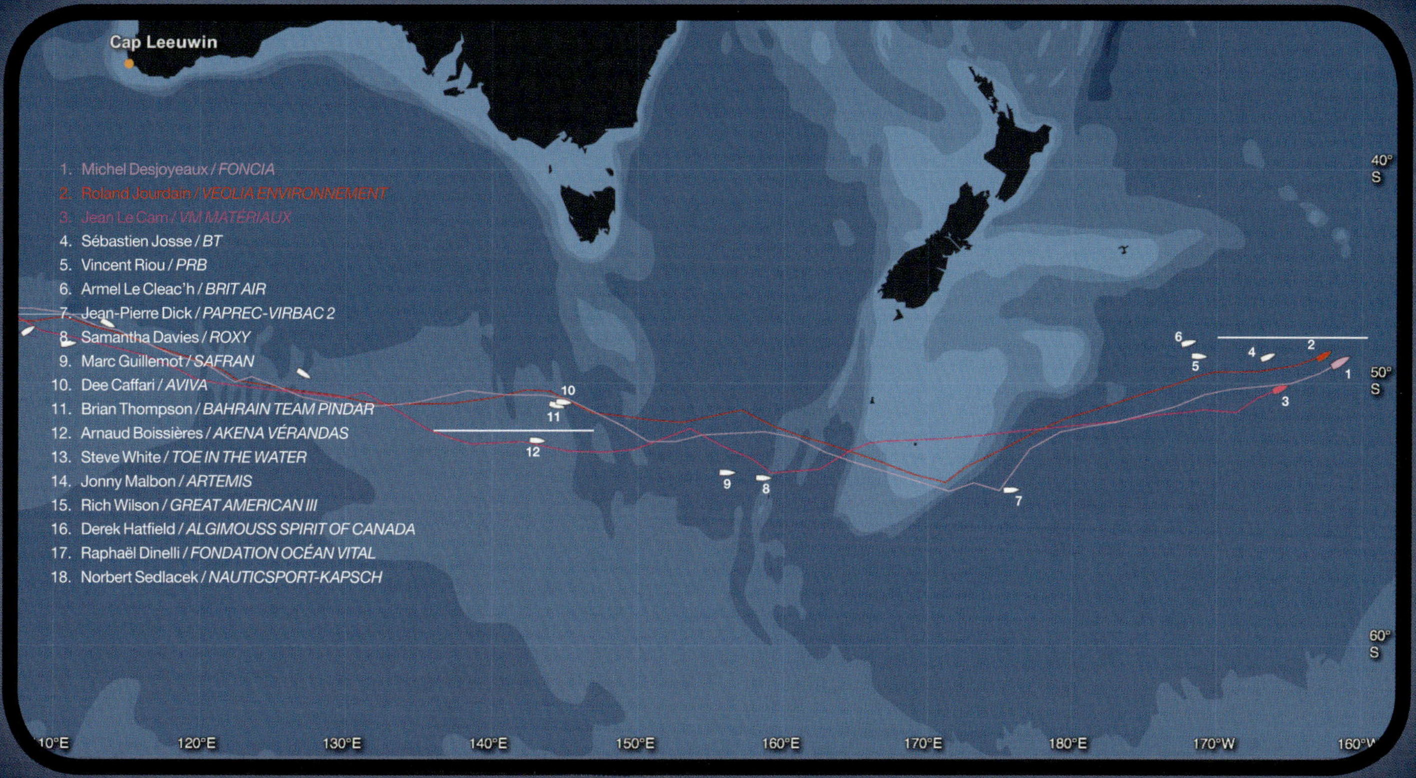


Carte des positions du 25/12/08 à 16 h 00 : très mauvaise journée pour le futur vainqueur : à l'extrémité est de la porte de Nouvelle-Zélande, Michel Desjoyeaux part en marche arrière avec un safran qui glisse sous la coque dans un vent de plus de 40 nœuds et une mer très forte. Alerte rouge !

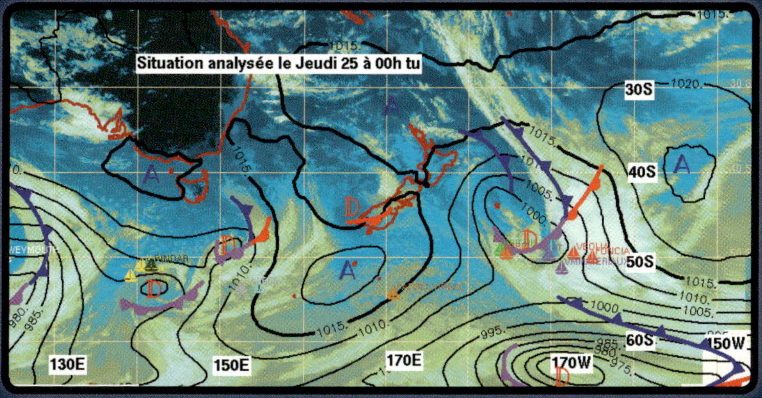


Image météo du 25/12/08 : une dépression de type orageux arrive très vite de la Nouvelle-Zélande avec un front froid très actif qui lève une mer déferlante : elle aura raison du safran de Sébastien Josse et provoquera une sérieuse sueur froide à Michel Desjoyeaux, qui faillit lui aussi perdre un appendice…

Sebastien Josse / BT

# Océan Pacifique (2)

## Horn, sweet Horn

Il reste plus de 1 500 milles entre l'ultime porte des glaces (des icebergs bien présents dans le sud immédiat des solitaires) et le cap Horn. Pour Michel Desjoyeaux, il n'y a tactiquement plus qu'un seul adversaire (Roland Jourdain), un outsider (Jean Le Cam) et deux prétendants (Vincent Riou et Armel Le Cléac'h). La stratégie du futur vainqueur est donc claire, ayant démontré que son monocoque n'avait aucun déficit de vitesse, quelles que soient les conditions météorologiques : au minimum maintenir l'écart face à son dauphin, voire l'augmenter au passage du cap Horn, et préserver le matériel et le skipper en vue d'une remontée de l'Atlantique qui reste la seule phase d'opportunité stratégique. Michel Desjoyeaux le sait bien, lui qui a vu huit ans plus tôt une concurrente lui revenir à portée de lance-pierre au passage de l'équateur !

Dans un flux de nord-ouest modéré à fort, les glissades vers la pointe sud-américaine sont relativement paisibles après le carton de l'Ouest Pacifique. Mais deux jours avant de passer le cap Horn, les deux leaders n'ont pas la même approche pour aborder ce point névralgique : avec 60 milles de retard, Roland Jourdain pique vers les côtes quand Michel Desjoyeaux replonge vers le sud-est. Le vent oscille en effet entre le nord-ouest et l'ouest et les dernières heures dans le Pacifique sont meilleures par le large : quand le premier déborde les îles chiliennes, il possède 120 milles d'avance, et quand son dauphin franchit le même cap, il concède huit heures et cinquante minutes… Sérieusement ralenti en entrant dans le détroit de Le Maire, le leader est désormais quasiment assuré qu'il n'a plus qu'un seul adversaire à gérer sur les 7 000 milles restant à parcourir jusqu'aux Sables-d'Olonne ! En sus, Michel Desjoyeaux n'a plus que deux heures de retard sur le temps de Vincent Riou en 2004-2005 : il a gagné plus d'une journée sur la tranche de parcours Leeuwin-cap Horn…

Classement au passage du cap Horn et temps de course depuis le 9 novembre à 13 h 02 :

| | |
|---|---|
| **1-DESJOYEAUX MICHEL** | 56 jours 15 h 08 min |
| **2-JOURDAIN ROLAND** | 56 jours 23 h 58 min |
| **3-LE CLÉAC'H ARMEL** | 58 jours 22 h 43 min |
| **4-RIOU VINCENT** | 59 jours 06 h 13 min |
| **5-DAVIES SAMANTHA** | 62 jours 21 h 18 min |
| **6-GUILLEMOT MARC** | 63 jours 19 h 28 min |
| **7-THOMPSON BRIAN** | 66 jours 15 h 13 min |
| **8-BOISSIÈRES ARNAUD** | 67 jours 11 h 28 min |
| **9-CAFFARI DEE** | 67 jours 22 h 13 min |
| **10-WHITE STEVE** | 71 jours 08 h 18 min |
| **11-WILSON RICH** | 78 jours 01 h 48 min |
| **12-DINELLI RAPHAËL** | 85 jours 00 h 48 min |
| **13-SEDLACEK NORBERT** | 87 jours 02 h 05 min |

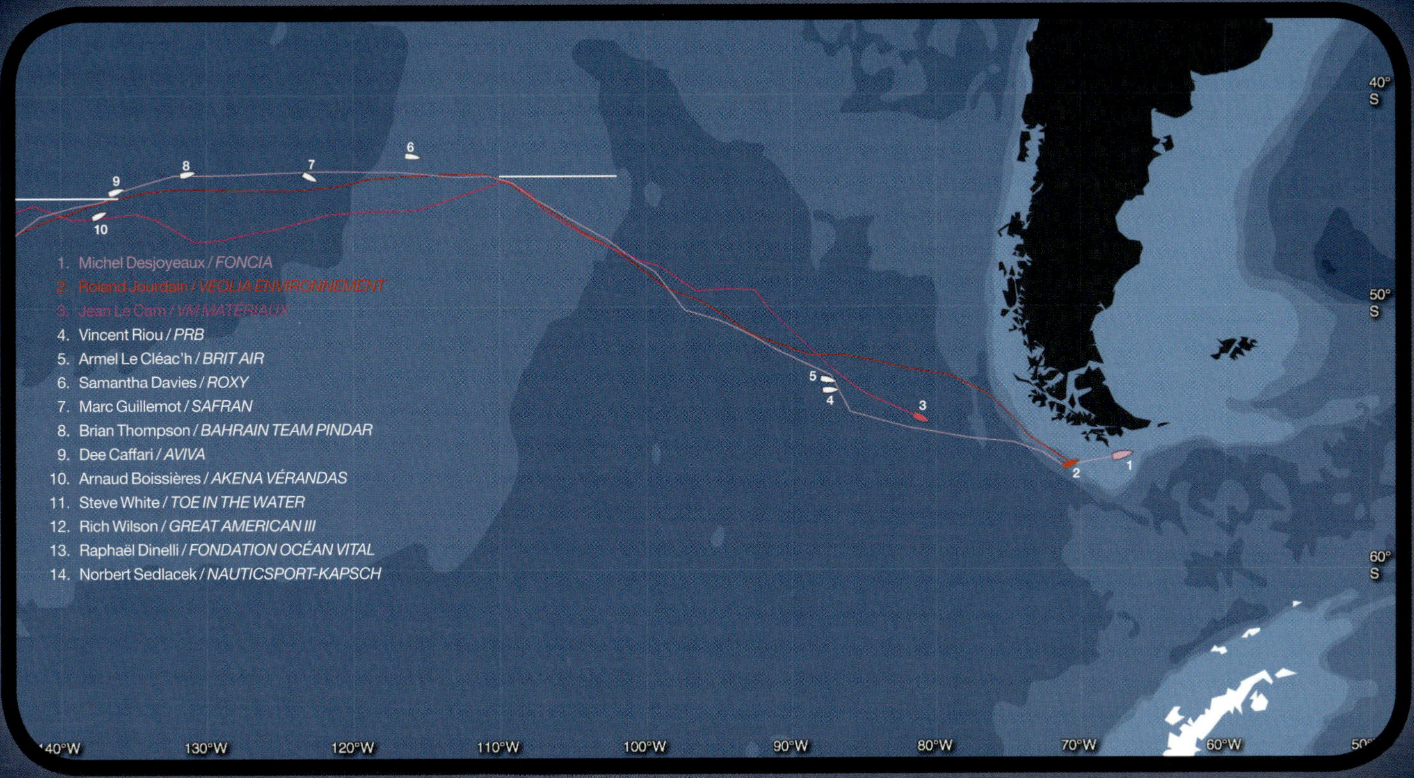


Carte des positions du 05/01/09 à 5 h 00 : la divergence de route entre les deux leaders indique la volonté de Roland Jourdain de tenter un dernier coup avant la remontée de l'Atlantique. Mais cette option lui coûte finalement une vingtaine de milles au passage du cap Horn.

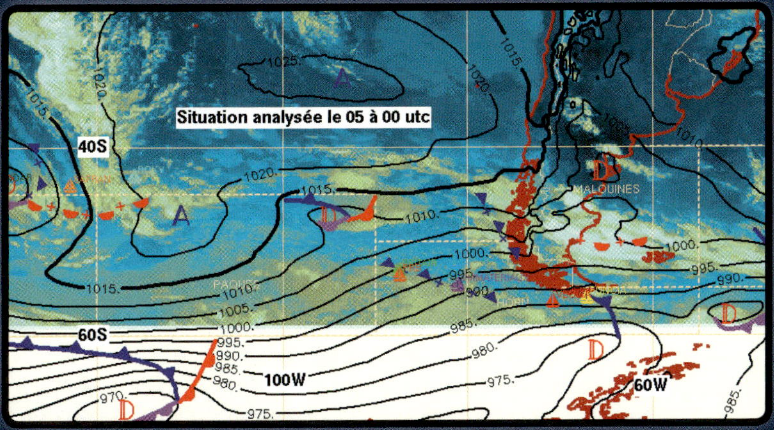


Image météo du 05/01/09 : Michel Desjoyeaux a pu attraper un front au passage du cap Horn, grâce à un empannage judicieux avant d'aborder les côtes chiliennes : il va engranger plus de 100 milles d'avance au passage de ce point névralgique.

Roland Jourdain / *Veolia Environnement*

*Chapitre 5* – La remontée de l'Atlantique

# Les caprices de l'Atlantique

**Au passage du cap Horn, la tentation est grande pour les concurrents du Vendée Globe de se croire tirés d'affaire. Le fait de revenir dans des mers plus familières, de savoir que, peu ou prou, on pourra toujours trouver un refuge ou une aide extérieure en moins de vingt-quatre heures provoque une légitime décompression chez les solitaires. Pourtant les trois à quatre dernières semaines se révèlent souvent éprouvantes pour les nerfs et propices à de nombreux rebondissements tant les bateaux et les hommes sont usés par les mers du Sud. Qui plus est, quand l'Atlantique décide de se jouer de la logique…**

**Libération.**
Après un mois de navigation dans le froid, les coups de vent et les déferlantes, le début de la remontée de l'Atlantique est un soulagement pour tous les solitaires, qui n'ont plus « que » 7 000 milles jusqu'aux Sables-d'Olonne !

© Samantha Davies, *Roxy*

## *Les mers du Sud ont porté un coup sévère : près de la moitié des solitaires a dû abandonner depuis l'entrée dans l'océan Indien.*

**À L'ENTRÉE DE L'ATLANTIQUE,** le bilan de la casse est sévère. Avec 60 % de défections, nous ne sommes plus très loin des statistiques de l'édition 1996-1997. Pourtant, le franchissement du Horn, troisième et dernier grand cap de ce tour du monde, cristallise tous les soulagements et ravive les espoirs. Encore trois semaines d'efforts en terrain connu avant de pouvoir enfin poser le pied sur la terre ferme et savourer sa première gorgée de bière…

C'est une flotte dispersée qui s'apprête à partir à l'assaut des côtes sud-américaines. Aux avant-postes, Michel Desjoyeaux n'est plus menacé que par Roland Jourdain, seule bernique accrochée à ses bottes depuis le 16 décembre dernier. Après avoir perdu son camarade de route Vincent Riou, occupé à faire rapatrier son *PRB* d'Ushuaia, Armel Le Cléac'h est seul en troisième position. Plus loin, Samantha Davies et Marc Guillemot se renvoient la balle pour la quatrième place, tandis qu'un autre groupuscule franco-britannique incarné par Brian Thompson, Dee Caffari et Arnaud Boissières joue des coudes pour les rangs d'honneur. Steve White et Rich Wilson poursuivent en solitaire chacun leur trajectoire, un sort qui attend bientôt les deux lanternes rouges, Raphaël Dinelli et Norbert Sedlacek.

Mais ce joli tableau éclipse la variable espace-temps qui a pris une nouvelle dimension après soixante jours de course. À aucun moment Michel Desjoyeaux et Norbert Sedlacek ne se retrouveront ensemble en Atlantique. Lorsque *Foncia* double le cap Horn, *Nauticsport-Kapsch* présente son étrave dans le Pacifique. Et quand Norbert franchira le Horn, Michel sera déjà en train de récupérer des agapes de son arrivée. Trente jours et plus d'un océan séparent le premier du dernier. Entre les deux s'étend une immensité liquide animée par des entrées au compte-gouttes en Atlantique.

Contrastes de flotte.
Avec Raphaël Dinelli, l'Autrichien Norbert Sedlacek a vécu les pires conditions du Vendée Globe : en arrière de la flotte, les tempêtes ont été redoutables dans l'Indien, alors que le Pacifique est submergé par un… anticyclone !

Cap au nord.
100 milles d'avance au passage du cap Horn : Michel Desjoyeaux peut regarder dans son rétroviseur, car il n'y a plus que Roland Jourdain comme concurrent direct.

# Roland Jourdain

## *Veolia Environnement*

**AVEC SES BOUCLES BLONDES,** sa bouille toute ronde et son regard malicieux, Roland Jourdain aurait pu être clown. Il en a l'humour et aussi le surnom, « Bilou ». Le clown Bilou ! Il aurait aussi pu devenir footballeur, sa passion d'enfance. Mais c'est finalement la voile qui prendra le dessus pendant l'adolescence. Dans la baie de la Forêt-Fouesnant, avec ses copains Jean-Luc Nélias et Michel Desjoyeaux, la « bande de la baie » comme ils se surnomment, ils jouent les moniteurs de voile l'été et bricolent dans le chantier du père Desjoyeaux l'hiver. Ces gamins-là ont du tempérament et de la suite dans les idées. À 19 ans à peine, Bilou récupère un vieux Muscadet dans une vasière près de Concarneau et décide de participer à la Mini-Transat 83. Mais le bateau heurte un ofni au large du Portugal et coule dans la foulée. Sauvé, Bilou n'est pas refroidi par cette mésaventure. De retour à terre, il intègre le chantier Multiplast, où se construit le multicoque de Jeantot. Puis il participe aux premiers travaux du chantier CDK avant de disputer sa première solitaire du Figaro, en 1984. Et le voilà embarqué, à 21 ans seulement, avec Éric Tabarly pour disputer la Whitbread 1985-1986 ! Un vrai voyage initiatique… Suit l'aventure du formule 40 avec Jean Le Cam et des titres de champion du monde avant une seconde Whitbread. Le parcours de Roland Jourdain enchaîne les victoires… et les déboires ! Côté victoires, il compte notamment deux Transat Jacques Vabre, la Transat AG2R et la Route du Rhum 2006. Côté déboires, c'est surtout le Vendée Globe qui s'obstine à semer des embûches sur son chemin. En 2001, il assiste impuissant au duel Desjoyeaux/MacArthur à cause d'un rail de mât défaillant. Mais il termine néanmoins sur la troisième marche du podium. Les deux éditions suivantes seront plus intraitables avec deux abandons. Le premier en 2004 en Australie, à cause d'une tête de quille fissurée. Le dernier lors de ce Vendée Globe 2008-2009 aux Açores, après avoir perdu sa quille suite à un choc avec une baleine. Mais comme Marc Guillemot, Roland Jourdain réussit l'exploit hallucinant de parcourir près de 700 milles sans quille pour ramener son voilier à bon port. Une performance synonyme de soulagement face au risque de perdre son bateau. Mais qui ne peut effacer l'amertume d'abandonner encore une fois, à seulement cinq jours de l'arrivée. D'autant que Bilou avait occupé la place de deuxième derrière Mich' Desj' pendant les quarante-neuf jours précédents…

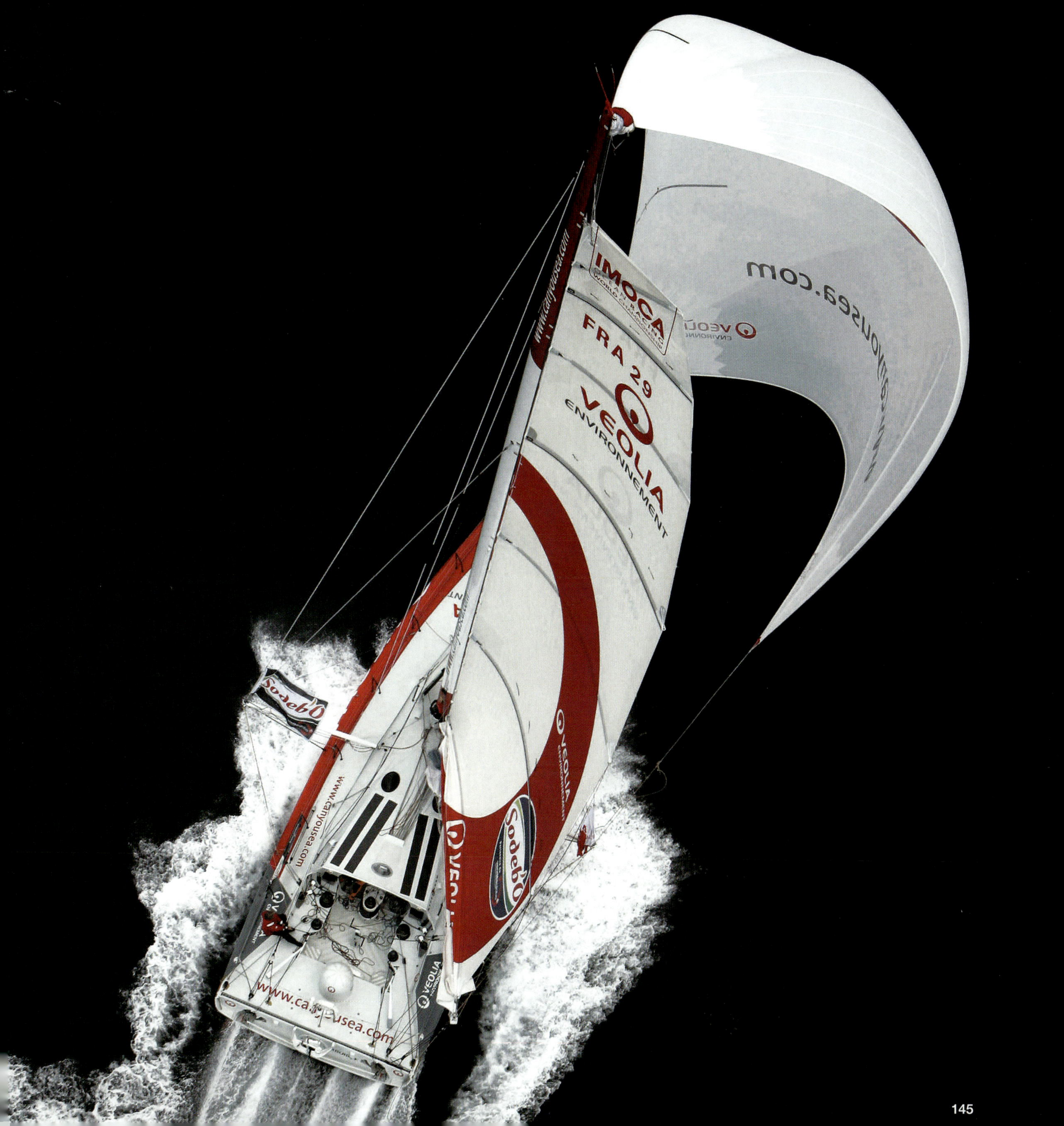
IMOCA
FRA 29
VEOLIA
ENVIRONNEMENT
www.canyousea.com
Sodebo

Comme à chaque édition, l'ultime ascension vers les terres vendéennes n'a rien d'un chemin rectiligne. C'est même l'une des portions de parcours réputées les plus délicates. Il faut d'abord négocier les fortes dépressions argentines qui sévissent de la Terre de Feu au nord des Malouines, puis les fronts orageux entrecoupés de zones de hautes pressions jusqu'au large de l'Uruguay. Viennent ensuite les alizés de l'hémisphère Sud qui se révéleront, plus ou moins établis suivant les concurrents, puis le pot au noir, exceptionnellement très sud, avant le franchissement de l'équateur. De retour dans l'hémisphère Nord, de forts alizés de nord-est imposent de pénibles parties de saute-mouton, quand l'anticyclone des Açores, décidément peu académique, va forcer la majeure partie de la flotte à faire un immense détour par l'ouest et ralentir brutalement les téméraires qui tenteront de couper le fromage à l'est. C'est enfin la chasse au flux perturbé au large de l'Europe qui pourra donner des conditions très musclées pour certains à l'approche du cap Finisterre. Enfin, un golfe de Gascogne variable, imposant quelques finish au louvoyage.

Ce dernier acte de 7 000 milles est aussi celui des contrastes climatiques : les solitaires s'échappent progressivement des cinquantièmes hurlants et remontent en latitude pour retrouver avec bonheur les chaleurs tropicales avant de s'engouffrer à nouveau dans les rigueurs de l'hiver au nord des Açores. Bref, les conditions de navigation seront aussi variées que les bateaux seront éloignés sur la carte et leurs vitesses de progressions disparates.

**Un océan à remonter, trois saisons à affronter : le sprint final n'est pas le plus simple à négocier.**

Orages et désespoirs à bord de *Foncia*. Avant d'atteindre l'équateur, la route est longue et tortueuse pour éviter les zones orageuses qui se forment au large du Brésil en générant de méchants coups de vent…

Petit à petit, les systèmes météo fluctuants, quelques erreurs, les performances intrinsèques des monocoques et comme toujours la casse vont finir de faire exploser un peloton déjà bien abîmé par le Grand Sud.

Après deux mois de mer, le soulagement d'être toujours dans le match après avoir assisté, dans l'impuissance, à tant de péripéties malheureuses va aussi faire basculer les priorités : pour beaucoup, l'objectif de résultat va heurter de plein fouet le désir de terminer la course. Seul Michel Desjoyeaux peut encore se permettre d'adresser quelques pieds de nez à l'adversité. Patron de la flotte depuis le 16 décembre, il incarne à lui tout seul un des adages de la course au large qui veut que bien souvent, ce sont *« les riches qui s'enrichissent »*. Même s'il a vaillamment et discrètement surmonté son lot de galères – la liste exhaustive des avaries de *Foncia* ne sera révélée qu'à son retour au port –, tout semble sourire au marin de Port-La-Forêt. D'une part, le vainqueur de 2001 va bénéficier d'une météo plus favorable que ses camarades. D'autre part, de nouvelles péripéties vont lui faciliter définitivement la besogne.

***L'Atlantique réserve encore bien des surprises aux douze solitaires qui ont vaincu les mers du Sud…***

Laminée par… sa grand-voile. Au passage du cap Horn, Dee Caffari n'en a pas fini avec les galères : une tempête aux îles des États, une grosse fatigue et une grand-voile qui part en lambeaux !

# Norbert Sedlacek

## *Nauticsport-Kapsch*

**PREMIER AUTRICHIEN** à boucler le Vendée Globe, Norbert Sedlacek a accompli son rêve. Mieux, il est allé au bout de son rêve, malgré les nombreuses difficultés, financières d'abord, techniques ensuite. Ancien barman et chauffeur de tramway à Vienne, il incarne parfaitement l'esprit du Vendée Globe, où de purs amateurs farouchement déterminés peuvent encore s'aligner aux côtés des meilleurs navigateurs au monde. Avec l'Américain Rich Wilson, ils sont les deux seuls vrais amateurs de ce sixième Vendée Globe. Après son échec en 2004 – abandon en Afrique du Sud sur avarie de quille –, terminer le Vendée Globe était aux yeux de Norbert un exploit suffisamment immense pour rendre notre homme le plus heureux du monde, quel que soit le classement. Alors ne dites pas à Norbert qu'il a terminé dernier de cette édition, il répondra, en français s'il vous plaît, qu'il est onzième sur trente ! Son tour du monde en cent vingt-six jours sur un vieux monocoque en aluminium était une véritable épopée : des avaries en tous genres, une navigation inattendue bord à bord avec Raphaël Dinelli au beau milieu du Pacifique Sud, une tempête dantesque au large des Malouines avec des rafales à 80 nœuds et un accueil aux Sables-d'Olonne digne d'un vainqueur ! Pour celui qui n'a jamais couru d'autres épreuves en solitaire que le Vendée Globe, cette soif d'aventures en haute mer est née de la lecture des récits d'Éric Tabarly et de Wolfgang Hausner, premier Autrichien à avoir effectué un tour du monde. En 1996, Norbert s'élance pour une circumnavigation de deux ans en solitaire sur un voilier de croisière de 28 pieds (8,50 mètres) qu'il a construit lui-même dans son garage. Il enchaîne deux ans plus tard par un tour de l'Antarctique, toujours en solitaire, au départ de Cape Town. Mais fini la croisière. C'est désormais l'étoile du Vendée Globe qui l'attire de ses mille feux. Il ouvre un magasin d'accastillage à Vienne et multiplie les allers-retours avec la Vendée pour préparer sa monture. Une deuxième tentative, Norbert Sedlacek est un homme comblé pour qui la Vendée, où il compte désormais de nombreux amis, est devenue une seconde patrie.

sys one ste
Sodebo
CONSEIL GÉNÉRAL
kapsch >>>
nauticsport.com
seiersberg
marinepool
spirit of the ocean
IMOCA
OCEAN RACING
WORLD CHAMPIONSHIP
VENDÉE
CONSEIL GÉNÉRAL

Ascension périlleuse.
Depuis l'équateur, Raphaël Dinelli connaît des problèmes de drisse de grand-voile : il tente un arrêt aux Malouines, mais son mouillage dérape quand il se retrouve en tête de mât…

# Vertus du bricolage en mer

**DANS SON SILLAGE,** il y a un cortège de bateaux fragilisés et de pilotes fatigués. Dee Caffari oscille entre colère et découragement à la vue de sa grand-voile qui se délamine ; Marc Guillemot, avec son rail de mât cassé, ronge son frein sous voilure réduite ; Arnaud Boissières navigue sans solent depuis l'océan Indien. Sous trinquette, son vénérable monocoque, qui plus est muni d'une quille fixe, souffre aux allures de près, tandis que pour White, Wilson, Sedlacek ou Dinelli, imaginer des journées sans bricolage relève du doux fantasme..

Ces tracas quotidiens, tant qu'ils restent circonscrits à des concurrents placés à des centaines de milles de son tableau arrière, n'intéressent qu'anecdotiquement un Michel Desjoyeaux toujours aussi solide. Un seul concurrent requiert toute son attention : Roland Jourdain, calé sur sa trajectoire à moins d'une demi-journée de navigation. Mais un incident aux conséquences dignes de la théorie des dominos chère au général Giap va couper court à cette bataille pour la première place. Le 9 janvier au large des côtes brésiliennes, *Veolia Environnement* heurte violemment un animal marin : d'impressionnantes fissures apparaissent sur la cloison du pied de mât et autour du puits de quille. L'équipe et le skipper ne révéleront l'incident que le lendemain, le temps de diagnostiquer les maux et de préparer les remèdes. Roland Jourdain évoque l'affaire à la vacation du 10 janvier : « *J'ai rencontré un cétacé, je ne sais pas de quelle marque exactement, mais quand je suis sorti pour remettre le bateau en marche j'ai vu un morceau de l'animal et l'eau teintée de rouge. La cloison de pied de mât est suffisamment fissurée pour que, si on ne fait rien, le mât passe à travers la coque. Maintenant, ce n'est plus un bateau de course, c'est un chantier naval. Il vaut mieux en rire qu'en pleurer, même si les particules de carbone, ce n'est pas de la rigolade.* » S'ensuivent deux journées d'un chantier d'enfer où la sueur transforme l'épais brouillard de poussières noires en une pâte gluante collée aux avant-bras.

***Les plaies des mers du Sud se font béantes et les solitaires passent de plus en plus de temps à bricoler.***

C'en est assez ! Brillant dauphin du leader, Roland Jourdain voit tous ses efforts contrariés par un violent choc avec un cétacé. Deux jours de stratification sont nécessaires pour réparer sa cloison de pied de mât.

# Raphaël Dinelli

## *Fondation Océan Vital*

**NAVIGATEUR ET…** directeur de recherche ! Voilà la nouvelle vie de Raphaël Dinelli. Écolo et passionné de technologie, l'Arcachonnais s'est installé après son premier Vendée Globe aux Sables-d'Olonne, où il a construit une maison bioclimatique. L'environnement est devenu son cheval de bataille. En 2007, il intègre la Fondation Océan Vital, dont il devient directeur de recherche. Son vieux monocoque se transforme en laboratoire. Objectif : tenter de se passer d'énergies fossiles pour faire le tour du monde. L'énergie du bord sera fournie par une étonnante éolienne à axe verticale et par des panneaux solaires souples ultra-fins et ultra-sophistiqués. Pour Raphaël Dinelli, le Vendée Globe n'est plus vraiment une course, mais un champ d'expérimentation et une vitrine de son engagement écologique. Mais le Vendée Globe représente néanmoins une grande partie de sa vie de marin. Avec Marc Thiercelin, il est le seul à s'être élancé sur les quatre dernières éditions ! Miraculé du Vendée Globe 1996 – sauvé du naufrage par Pete Goss –, Raphaël a toujours fait preuve d'une certaine innovation. En 1998, il met à l'eau un plan Finot-Conq doté d'un mât basculant, finalement interdit sur le Vendée Globe. C'est donc sur l'ex-Budapest de Nandor Fa qu'il s'élance en 2000 pour son deuxième tour du monde, qu'il termine hors course après une escale en Afrique du Sud suite à un choc avec une baleine. Précurseur, Dinelli est le premier à faire appel en 2002 à l'architecte Guillaume Verdier – aujourd'hui très sollicité – pour dessiner son futur monocoque. Mais faute de moyens, le projet a calé après la fabrication des moules de coque. C'est donc toujours à bord de l'ex-Budapest qu'il repart en 2004 et termine enfin classé, à la douzième place. Depuis l'édition 2000, Dinelli n'a disputé aucune autre grande course en solitaire en dehors du Vendée Globe. Sa quatrième participation, sous le signe donc de la recherche, n'a pas été de tout repos. Souffrant d'une tendinite au coude, et sur la fin d'une côte cassée suite à l'avarie de sa bôme, Dinelli a atteint son objectif scientifique. Et, cerise sur le gâteau, il termine à la dizième place. Son meilleur classement en quatre participations… Rendez-vous en 2012 pour la cinquième ?

77
OCEAN VITAL
FONDATION

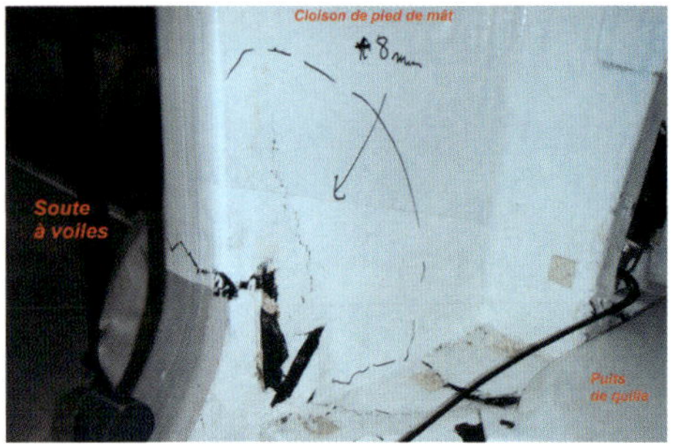


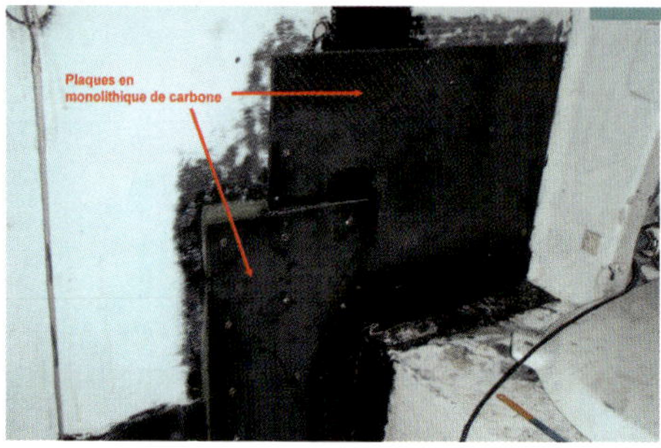


Bricolage à tous les étages.
La violence du choc avec un mammifère marin a été telle que Roland Jourdain a dû utiliser tout le carbone disponible à bord, même ses lattes de grand-voile…

Un panneau de survie, des plaques de carbone et même des lattes de grand-voile de rechange permettent d'étayer la structure. Roland Jourdain, orfèvre en stratification, retrouve les gestes de ses débuts dans la construction navale. Il parvient à consolider sa cloison au prix de nombreuses heures de ménage et de démangeaisons particulièrement pénibles liées à l'incrustation de petites billes de carbone dans tous les pores de sa peau. Il reprend sa route prudemment, avec la satisfaction du devoir accompli. La réparation tient le choc. Et même si son prédécesseur a triplé son avance, en passant de 112 à 340 milles, Bilou voit encore la vie en rose : « *L'air est à 27° C, l'eau à 24, le vent est stable et la mer à peu près.* […] *Tu sors en "petite tenue", tu te prends des seaux d'eau sur la tête et tu es sec en deux minutes. Le bateau est penché, c'est un inconvénient, mais il n'y a pas trop de mer, c'est vraiment la belle vie.* »

Marc Guillemot aimerait pouvoir en dire autant, mais sa réalité, à 2 000 milles des leaders, est moins glorieuse. Il sait que la remontée de l'Atlantique implique petits airs et allures de près. Or, avec une grand-voile réduite à trois ris, son bateau risque tôt ou tard de manquer de chevaux. Le 14 janvier, il procède donc à une deuxième escale technique aux Malouines, un archipel désolé situé à 500 kilomètres au large des côtes sud-américaines et pour lequel Argentins et Britanniques se sont livré une guerre éclair meurtrière quelque trente ans plus tôt. Six heures de travail et quatre nouvelles ascensions dans le mât seront nécessaires pour réparer son rail jusqu'au deuxième ris. Pas plus. Mais le jeu, s'il est exténuant, en vaut bien la chandelle. « *Ce petit "pit stop" aux Malouines m'a vraiment fatigué. Je suis lessivé, rincé. Il n'en reste pas moins que je suis content d'avoir fait cette escale. Elle m'a permis de gérer pas mal de soucis.* »

**Faire face à l'adversité, garder le moral, se consacrer à son bateau : les trois fondamentaux de cette remontée de l'Atlantique.**

Le malin aux Malouines.
Après le détournement vers Yann Eliès et un arrêt technique à l'île d'Auckland, le skipper de *Safran* est encore contraint à une ascension de son mât aux Malouines pour réparer son rail de grand-voile.

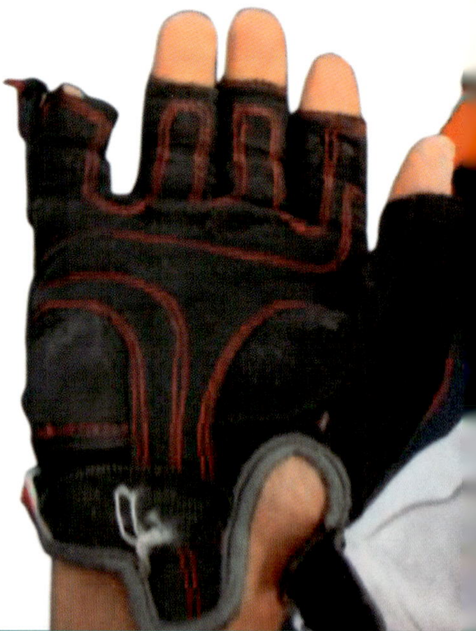

La force tranquille.
Le Britannique Brian Thompson a connu son lot de galères dans le Sud, mais il peut enfin profiter de l'énorme potentiel de son monocoque hyper-puissant au large de l'Argentine.

Les chutes de moral et de vitalité, Marco en a déjà connue, et ce coup de spleen sera de courte durée. L'homme a redonné des ailes à son monocoque gris et revient vite à l'attaque. Cinq jours plus tard, il profite d'une petite erreur stratégique de Samantha Davies, encalminée à l'est, pour lui dérober la quatrième place. Ce ne sera pas le seul chassé-croisé entre les deux inséparables ! Sous la pointe du Brésil, Marco, qui est allé jouer les vents thermiques au ras des plages, se retrouve piégé dans un labyrinthe de plates-formes pétrolières et de bateaux de pêche. Interpellé et même coursé par des pêcheurs brésiliens après s'être pris dans une de leurs lignes, Marc doit aussi manœuvrer sans relâche pour s'adapter à des vents changeants. Sa rivale en profitera bientôt pour reprendre l'avantage… provisoirement seulement.

Dans cette dernière portion du parcours, force est de constater que le tandem Guillemot-Davies est un des rares à alimenter le suspense. La deuxième vraie bagarre se trame plus au sud, au sein du triumvirat Thompson-Caffari-Boissières. Mais la puissance de *Bahrain Team Pindar*, conjuguée à une stratégie malheureuse du skipper d'*Akena Vérandas* laissera Cali sur le carreau. Fin janvier, au large du Brésil, le trio mute en un double 100 % britannique entre Dee, qui a réussi à colmater les lambeaux de sa grand-voile, et Brian, dont le monocoque fait des merveilles au bon plein. Pour le reste, il faut désormais compter au bas mot 500 milles pour retrouver la trace de chaque concurrent.

Slalom brésilien.
Le long des côtes au large de Rio de Janeiro, les solitaires ont dû veiller en permanence pour éviter les plates-formes de forage… et les filets de pêche.

Soleil tropical.
Les chaleurs tropicales offrent une pause bienveillante aux solitaires, qui peuvent enfin s'extraire des polaires et faire sécher leurs vêtements.
© Photo Michel Desjoyeaux, *Foncia*

# On ne prête qu'aux riches

Caméra café.
Déjà deux mois de mer, et le rythme s'est enfin apaisé pour Michel Desjoyeaux, qui peut se consacrer à la navigation et aux plaisirs simples des jours heureux.

**CES ÉCARTS INÉDITS** n'épargnent pas le trio de tête, emmené par un leader béni des dieux.
*« Je ne sais pas quel trousseau de clés Mich a piqué, mais il ouvre toutes les portes météo et les referme poliment derrière lui... »*, déclarera plus tard Roland Jourdain. Le marin à la tignasse blonde sait de quoi il parle. Avec presque deux jours de décalage entre chacun des prétendants au podium, les phénomènes météo ont le temps d'évoluer et, comme par enchantement, les fenêtres favorables se ferment après le passage du patron. Jourdain mettra deux fois plus de temps que Desjoyeaux à s'extirper d'un pot au noir parsemé d'orages et de « grains XXL », et deux fois plus de temps à s'échapper des rets de l'anticyclone des Açores. Tous les jours, le « professeur » creuse le fossé qui le sépare de ses rivaux et se préserve d'éventuelles contre-attaques. Le 25 janvier, après une partie de gymkhana face aux alizés de l'hémisphère Nord, Michel Desjoyeaux, campé dans son style « droit au but », estime déjà que les dés sont jetés : *« Je suis plus décontracté face à la performance et au classement : cela pris, je pense effectivement que la messe est dite. En plus, j'ai un enchaînement météo assez sympa qui m'attend. Les considérations de sécurité, on est obligé de les avoir, mais ce qui me détend, c'est d'avoir 500 milles d'avance en cas de souci technique. C'est trop con de faire un excès de zèle et de courir comme un dératé, je reste zen. »* Tout est dit dans ce qui caractérise la course de *Foncia* : un enchaînement idéal des phénomènes météo et une excellente gestion du rythme. Après avoir mis du charbon pendant plus d'un mois pour rattraper son retard et doubler un à un ses adversaires, après avoir résisté à la pression d'une poignée de pisteurs puis à l'unique menace de Roland Jourdain, Michel Desjoyeaux s'octroie un luxe : celui de croire enfin fermement en ses chances de victoire et de lever un peu le pied. Les événements qui suivent vont se charger de lui ôter le moindre doute et de faire définitivement place nette autour de son plan Farr.

***S'il sert de courir quand on ne part pas à point, autant prendre ses précautions quand il n'y a plus de pression.***

# Rich Wilson
## *Great American III*

**DOUBLE DIPLÔMÉ À HARVARD** (mathématiques et MBA) et de science interdisciplinaire au MIT (Massachusetts Institute of Technology) à Boston, sa ville d'origine, Rich Wilson, en plus d'avoir une tête sacrément bien faite, a le sens du partage et de l'aventure. D'un côté, une carrière professionnelle à multiples facettes qui comprend entre autres un travail de prof de maths à Boston, d'analyste défense à Washington ou de consultant dessalinisation en Arabie Saoudite. De l'autre, une passion pour la voile qui s'exprime en course par des victoires sur la Newport-Bermudes 1980 et la Transat anglaise 1988 (sur un trimaran de 35 pieds). En tant que professeur, son envie de partager ses aventures avec les enfants et de s'en servir comme support éducatif voit le jour en 1990 lorsqu'il tente de battre le record San Francisco-Boston en double. Mais l'aventure se termine par un chavirage épique au large du cap Horn. Une heure après s'être mis sur le toit, le trimaran est remis à l'endroit par une énorme vague de près de 20 mètres ! Récupéré par un cargo néo-zélandais, Rich ne se décourage pas et réalise surtout la portée de son épopée dans les nombreuses écoles qui l'ont suivi. Il retente sa chance sur un nouveau trimaran trois ans plus tard. Ce deuxième essai réussi est suivi par plus de 300 000 enfants aux États-Unis, et ses chroniques quotidiennes, reprises par de grands journaux, sont lues par plusieurs millions de personnes. L'aventure utilisée comme programme scolaire est un véritable succès ! Rich repart donc en campagne et décroche deux nouveaux records sur les routes New York-Melbourne et Hong Kong-New York. À 58 ans, il n'hésite pas à s'embarquer pour son plus grand challenge : le Vendée Globe. Atteint d'asthme depuis l'âge d'un an – à une époque où les médicaments n'existaient pas ! – Rich a toujours appris à se battre, parfois même pour simplement respirer. Une détermination à toute épreuve qui lui a permis de surmonter tempêtes et nombreuses avaries sur son vieux monocoque de dix ans d'âge. Après cent vingt et un jours de mer, la moustache riante et les yeux embués de bonheur, le doyen de la course a réalisé son plus beau rêve : vivre et partager avec le plus grand nombre le Vendée Globe.

USA 37
Sodeb'O
37

# L'hécatombe n'est pas finie et Armel Le Cléac'h peut désormais viser la deuxième marche du podium...

Tout fout le camp... Arrêt obligatoire pour Roland Jourdain aux Açores : le cétacé de l'Atlantique Sud a eu raison de son appendice, brisé net à 650 milles de l'archipel.

Le 26 janvier, *Foncia* n'est plus qu'à 1 800 milles du terme de son voyage. Les heures estimées d'arrivée se précisent, et le PC Course doit déménager de son QG parisien pour venir accueillir ses ouailles en Vendée. À une petite semaine du dénouement, le podium virtuel et la hiérarchie des douze bateaux en lice semblent acquis. À 15 nœuds de moyenne, Michel Desjoyeaux aborde le flux perturbé très musclé qui doit le propulser jusque dans le golfe de Gascogne, quand *Veolia Environnement* peine à trois nœuds dans les hautes pressions au sud des Açores. Armel Le Cléac'h est encore bien loin, dans les alizés de nord-est... bref, les positions paraissent figées et l'issue irréversible. C'est sans compter la scoumoune qui va s'abattre une fois de plus sur le bateau rouge. Le 29 janvier à 5 heures du matin, Roland Jourdain appelle son équipe pour signaler une avarie de quille. Il a entendu un bruit suspect, s'est arrêté, et ce n'est qu'en bordant à nouveau ses voiles, lorsque le bateau s'est mis à gîter anormalement, qu'il a compris ce qui lui arrivait. En réalité, c'est la totalité de l'appendice, voile et bulbe, qui a disparu par des milliers de mètres de fond. C'est la dernière avarie consécutive à sa collision avec le cétacé. Bilou est alors à 640 milles dans le sud-ouest de Sao Miguel, l'île principale des Açores. Immédiatement, le marin réduit la toile, ballaste entièrement le fond de son bateau. À ce stade, pourtant, sa détermination est décuplée. Dans sa tête, la mission est claire : *« Mon objectif est de rentrer aux Sables-d'Olonne, mais je ferai gaffe à ma peau. »* Il sait que sa réussite est entièrement liée à la météo et qu'il devra affronter le gros temps rencontré plus tôt par Desjoyeaux. Pendant deux jours, il

progresse prudemment dans un vent qui ne cesse de fraîchir. Le bateau n'est alors stabilisé que grâce à sa carène et avance sur le fil du rasoir. Malheureusement, la situation se dégrade, et le 31 janvier il se retrouve à la cape, à 200 milles des Açores, ballotté dans des creux de cinq mètres, une mer croisée et des rafales à 45 nœuds. Il faut se mettre à l'abri dans l'archipel avant d'évaluer les chances de poursuivre. Les éléments décideront pour lui. Le 2 février au soir, il arrive à Ponta Delgada, le port de commerce de Sao Miguel, et annonce son abandon. « *Un bon marin ramène toujours son bateau au port en sécurité*. » dira t-il. « *Pour le 3 février, les fichiers annoncent 50 nœuds de vent avec dix mètres de houle. J'ai déjà eu de la chance en avançant comme ça sans chavirer, notamment avec la baston que j'ai eu hier, je ne vais donc pas abuser de mon capital chance. J'ai assez joué, ça ne sert à rien, et cela ne serait vraiment pas raisonnable. La pilule est dure à avaler, mais elle serait encore plus amère si, vingt-quatre heures après avoir dépassé un port pour m'arrêter, je chavirais et devais y laisser le bateau.* » Bilou aura la délicatesse d'annoncer sa décision le lendemain de l'arrivée victorieuse de Michel Desjoyeaux, histoire de ne pas gâcher la fête. Sa décision est d'autant plus douloureuse qu'il a réussi l'exploit de parcourir 650 milles sur un bateau culbuto dépourvu de quille, qu'il a mené une course tambour battant pendant quatre-vingt-quatre jours, dont quarante-sept à la deuxième place, sur les talons du vainqueur. La mésaventure de Jourdain, si près du but, après tant de combativité, est ressentie comme une cruelle injustice et vient rappeler à quel point la chance est un ingrédient essentiel du succès.

Sans quille... Roland Jourdain va réussir l'exploit de ramener son monocoque à bon port jusqu'à Sao Miguel en réduisant la voilure et en remplissant tous ses ballasts, malgré une mer très mauvaise.

# Steve White
## *Toe in the Water*

**IL Y A CHEZ CERTAINS ANGLAIS** une certaine dose d'excentricité qui les rend attachants. Steve White est de ceux-là ! Restaurateur de voitures anciennes après avoir suivi une formation de jockey, il découvre la voile à 25 ans lors d'une navigation initiatique jusqu'au Fastnet. C'est le flash instantané. Comme un ado, tombe amoureux dans la seconde. Désormais, sa maison sera l'horizon. D'ailleurs, dix ans plus tard, il n'hésite pas à hypothéquer sa maison pour assouvir son rêve : disputer le Vendée Globe. Ce sera son *leitmotiv* au cours de cette décade d'apprentissage de la haute mer et de la course au large : le Vendée Globe. La course suprême. Il débute sa nouvelle vie dans un petit chantier pour apprendre les rudiments du métier. Puis il rencontre Pete Goss, héros du Vendée Globe 1996, auprès de qui il travaille et continue d'apprendre. Devenu équipier, il navigue le plus possible, jusqu'à plus soif. C'est au service de Chay Blyth qu'il alignera le plus de milles. Près de 100 000 ! Devenu entraîneur pour le Global Challenge, ce tour du monde à l'envers en équipage pour amateurs, il enchaîne les navigations et contourne au total vingt-cinq fois ce fameux rocher du Fastnet où tout a commencé. Il est temps pour lui de voler de ses propres ailes. En 2005, il s'élance sur la Transat anglaise en 50 pieds avec un budget trouvé le matin même… et gagne ! De quoi le conforter dans son nouveau choix de vie. Mais le Vendée Globe est une tout autre épreuve. Il récupère pour cela l'ancien monocoque 60 pieds de son compatriote Josh Hall. Qu'importe qu'il finisse dernier de la Transat anglaise 2008, elle lui permet de se qualifier pour le Vendée Globe. Reste à résoudre le problème du financement. En arrivant aux Sables-d'Olonne trois semaines avant le départ, il n'a aucune garantie de pouvoir prendre le départ. Mais une telle détermination méritait d'être récompensée : l'association caritative *Toe In The Water* lui vient en aide. En trois semaines, il réalise un chantier qui dure habituellement trois mois. Il embarque les logiciels de navigation dans le chenal le jour du départ. À l'arrivée, Steve White est largement récompensé de ses efforts en entrant dans le top 10 du Vendée Globe, le plus disputé. Heureux huitième, il n'a jamais cessé, pendant trois mois autour de la planète, de clamer son bonheur d'être en mer.

IMOCA
OCEAN RACING
WORLD CHAMPIONSHIP
GBR 55
www.toeinthewater.org
Toe in the Water

Les dents de la mer. Le « Chacal » n'en a pas fini avec le tour du monde : à l'approche du cap Finisterre, Armel Le Cléac'h va subir le pire coup de vent de son Vendée Globe, au point que sa casquette de rouf va exploser !

# Suspense pour le podium

**DANS CETTE COURSE,** comme dans toute compétition sportive, le malheur des uns fait le bonheur des autres, même à leur corps défendant. Armel Le Cléac'h se serait largement contenté de la troisième place pour ne pas assister une fois de plus à la révérence d'un de ses compagnons de route. Quoi qu'il en soit, il doit désormais assumer son nouveau costume de dauphin. Son option est pour raccourcir sa route vers le cap Finisterre n'est peut-être pas des plus heureuses, mais il est assez loin devant pour se sentir tranquillement installé dans ce nouveau fauteuil. Et pourtant, il vivra ses pires heures du Vendée Globe dans une tempête à l'entrée du golfe de Gascogne. Quant à Marc Guillemot, le voici estampillé troisième virtuel. Samantha Davies lui donne bien du fil à retordre, mais elle s'est, elle aussi, fourvoyée dans l'est des hautes pressions, et Marco sait de plus qu'il dispose de cinquante heures de crédit temps sur sa concurrente (résultat de la soustraction entre les quatre-vingt-deux heures de bonification qui lui ont été accordées par le jury et les trente-deux heures de Sam). Son parcours épique et iconoclaste va être récompensé, mais de quelle manière!

Depuis le début de ce Vendée Globe, les rebondissements les plus improbables se succèdent à la vitesse des dépressions dans les mers du Sud. Le 9 février au petit matin, suivant un scénario presque identique à celui de Roland Jourdain, Marc Guillemot alerte son équipe. La quille de *Safran* bouge dangereusement dans son puits et elle est descendue de quelques centimètres. Au début, Marc Guillemot tente de sécuriser le tout par des brêlages artisanaux, mais la situation est hautement stressante: les trois tonnes du bulbe qui se baladent à quatre mètres cinquante de profondeur menacent de tout arracher et d'envoyer le bateau par le fond. Paradoxalement, c'est pour Marco un

Noir, c'est noir. Samantha Davies doit traverser de nombreuses zones orageuses avant d'atteindre l'anticyclone des Açores: la jeune Britannique va s'enferrer dans de redoutables calmes.

Crise d'appendice. Les quilles seraient-elles le talon d'Achille des monocoques IMOCA? Marc Guillemot se retrouve dans la même configuration que Roland Jourdain: naviguer sans lest pendant plus de 1 000 milles!

# Arnaud Boissières

## *Akena Vérandas*

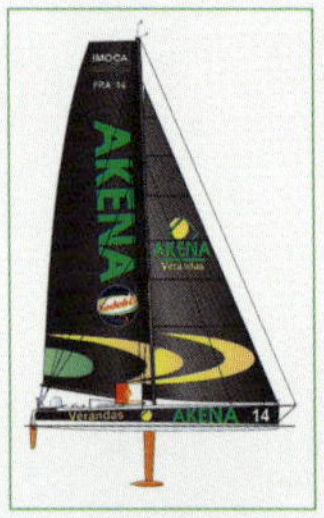


**ORIGINAIRE DU BASSIN D'ARCACHON,** Arnaud Boissières a franchi les étapes les unes derrière les autres avant de s'aligner au départ du Vendée Globe : deux Mini Transat (dont une troisième place en 2001), suivies de plusieurs saisons Figaro avant de devenir skipper du 60 pieds IRC Solune. Entre ses diverses courses, il exerce le métier de préparateur pour différents grands noms de la voile comme Yves Parlier (lui aussi d'Arcachon) ou Catherine Chabaud. C'est la rencontre avec Jean-Philippe Chomette, propriétaire de Solune, qui va le propulser vers le Vendée Globe. Ce dernier rachète l'ex-*VMI* (ex-*Sodebo*), successivement skippé par Thomas Coville et Sébastien Josse, pour le confier à « Cali » – le surnom d'Arnaud Boissières. Sur ce « vieux » monocoque de dix ans d'âge à quille fixe, Cali réalise une performance qu'il n'aurait jamais imaginée au départ : terminer dans les dix premiers du Vendée Globe. Mieux ! Il finit à la septième place pour sa première participation. Une arrivée triomphale l'attend un dimanche après-midi, devant des dizaines de milliers de spectateurs. Elle boucle une histoire commencée vingt ans plus tôt. À l'âge de 17 ans, atteint d'une leucémie, Cali avait assisté avec son père au départ du premier Vendée Globe, en 1989. Un voyage à la rencontre de ces nouveaux pionniers de l'aventure maritime. Des hommes pour qui rien n'était impossible. Guéri après deux ans et demi de chimiothérapie, Cali décide de vivre de sa passion pour la mer. Pari réussi. En ce dimanche 22 février 2009, quelques instants après son arrivée, Cali ravit la foule par ses pitreries. Après cent cinq jours seul en mer, il plante son regard bleu perçant chez ses auditeurs, le sourire en coin, et d'une pirouette fait marrer la foule. La leucémie n'est qu'un lointain souvenir, et cette septième place n'est pas une revanche sur la vie. Pour Cali, ce qui compte, c'est l'avenir. Devant une salle conquise et sous le charme, il prend son jeune fils Hugo dans ses bras et présente un futur concurrent du Vendée Globe. Ce marin-là incarne la joie de vivre et la partage à merveille avec qui veut…

AKENA
Vérandas
14
AKENA
Vérandas
AKENA

Les feux de la mer. Dans les calmes anticycloniques qui précèdent l'entrée dans le golfe de Gascogne, Dee Caffari entrevoit le bout du tunnel : un arc-en-ciel, prélude aux feux d'artifice de l'arrivée.

immense soulagement lorsque le voile de quille cède, entraînant la perte totale de l'appendice. *Safran* est alors à 250 milles dans au nord de Sao Miguel (Açores) soit à 1 000 milles des Sables-d'Olonne. Avec l'aide d'une météo redevenue clémente, Guillemot va réussir le pari fou qu'avait entrepris son collègue Bilou. Entièrement ballasté et sous-toilé, *Safran* parviendra à rallier les Sables après 1 000 milles de navigation sans quille, juste à temps pour chiper la troisième place à la ténacité de Sam Davies.

Si cette remontée de l'Atlantique par les deux hémisphères a offert de bonnes conditions de course aux leaders, mais aussi à Brian Thompson et à Dee Caffari, on ne peut en dire autant de tout le monde. Les bilans de Météo France montrent que les deux derniers solitaires ont subi entre deux à trois fois plus de coups de vents (force 8) que les premiers. Et pour White et Dinelli, le nombre de journées passées au près aura été largement supérieur. Malgré tout, l'intégralité de la flottille, désormais réduite à onze combattants, parviendra à rallier la ligne d'arrivée à l'issue d'un périple parfois interminable pour les retardataires et au prix de quelques menus rationnements. Les onze marins seront accueillis en héros, avec une ferveur et un enthousiasme à la hauteur de leur engagement.

***Après plus de 25 000 milles parcourus sur les trois océans, onze solitaires vont connaître un accueil extraordinaire à l'arrivée !***

Une penchée pour le dernier.
Énorme coup de gîte pour Norbert Sedlacek ! Pendant que Michel Desjoyeaux fête sa victoire, l'Autrichien encaisse plus de 70 nœuds de vent au large de l'Argentine !

# Atlantique Sud (1)

**À peine le cap Horn franchi, le duo de tête voit la configuration de la course changer radicalement avec le chavirage de Jean Le Cam, le redressement au classement de Vincent Riou à la troisième place et le différentiel important face à Armel Le Cléac'h : la remontée de l'Atlantique ne se joue plus qu'entre les deux leaders…**

## Duel en tête

Les jeux ne sont pas faits, mais les règles ont changé : relégué à plus de 750 milles lors de son passage par le sud des îles Malouines, Armel Le Cléac'h devient un concurrent nettement moins dangereux même s'il bénéficie d'un bonus de temps (trente-deux heures) pour s'être détourné afin de porter secours à Jean Le Cam juste avant le cap Horn. Certes il reste encore un peu moins de 6 000 milles jusqu'aux Sables-d'Olonne, mais le seul véritable danger pour Michel Desjoyeaux est Roland Jourdain. Or, celui-ci vient de percuter un animal marin ce 8 janvier au soir, et se voit contraint de réparer et de ralentir, même si les conditions météorologiques sont plutôt favorables pour renforcer la structure de son monocoque. En effet, après une route originale par rapport aux éditions précédentes puisque les deux leaders sont passés par le détroit de Le Maire, puis au nord des Malouines, la remontée vers l'équateur consiste à ne pas se faire piéger par les hautes pressions qui règnent au large de l'Argentine. Un front froid est bien en train de s'échapper vers l'Afrique, mais il ne va pas influer sur les conditions météorologiques des leaders.

Après le cap Horn, Roland Jourdain n'a pas franchement le choix : les attaques pour espérer revenir sur le futur vainqueur ne peuvent être portées que sur cette partie de l'Atlantique Sud, ou peut-être du côté des Açores… L'option de suivre la même route que Michel Desjoyeaux ne peut que faire perdre du terrain, car le décalage d'une centaine de milles est plus favorable au leader, qui fait l'extérieur de l'anticyclone. Les routages offrent une petite opportunité de couper au plus court, en espérant que les hautes pressions vont se décaler moins rapidement vers l'est. Les six degrés d'écart en longitude n'apportent finalement aucun bonus au dauphin, qui doit se remettre dans le sillage du leader dès le 9 janvier, avec cette fois plus de 170 milles de retard. Une nouvelle tentative de passer par l'ouest pour Roland Jourdain le lendemain ne porte pas non plus ses fruits, car derrière Michel Desjoyeaux encore en bordure d'anticyclone, une dépression orageuse vient perturber le flux, obligeant de nouveau Roland Jourdain à revenir vers la route est du leader. Près de 300 milles d'écart séparent les deux duellistes au large de Rio de Janeiro le 13 janvier, alors qu'Armel Le Cléac'h a bénéficié de conditions météorologiques favorables pour tirer presque tout droit au-devant d'une perturbation encore peu active.

Carte des positions du 08/01/09 à 16 h 00 : en percutant violemment un cétacé au large de l'Argentine, Roland Jourdain ne peut plus exploiter totalement ni son monocoque, ni son option plus à l'ouest du leader.

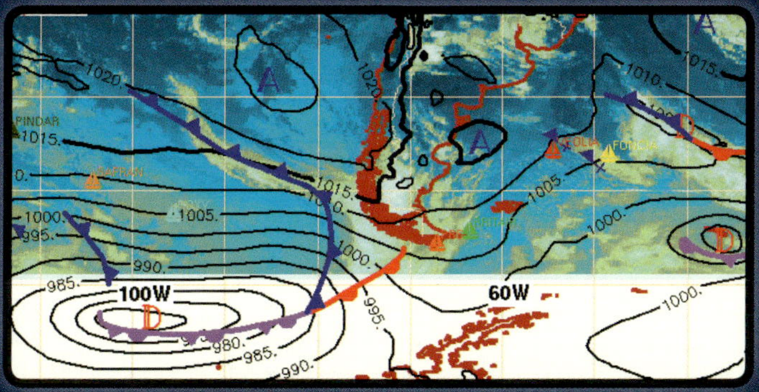


Image météo du 08/01/09 : un anticyclone au large de la péninsule de Valdès se forme et se déplace vers l'est lentement ; Roland Jourdain tente de couper au plus court pour se décaler par rapport au leader en rasant le centre des hautes pressions.

Roland Jourdain / *Veolia Environnement*

# Atlantique Sud (2)

## Contrôle lâche

Avec plus d'une journée de marge sur son concurrent direct, Michel Desjoyeaux peut naviguer l'esprit tranquille : sa stratégie ne consiste plus à gagner du terrain mais à ne pas en perdre tout en restant dans l'axe de son adversaire pour changer de route en fonction des attaques de son dauphin. Mais relâchement tactique, conséquence de la fatigue et des chaleurs tropicales, ou incertitude quant à l'évolution météorologique en bordure septentrionale d'une zone orageuse, la route du leader n'est pas optimale dans cette partie du parcours où il privilégie le gain vers le nord au détriment d'un bord, certes peu favorable vers l'est, mais plus efficace à moyen terme pour attraper plus tôt les alizés. En ce 13 janvier, le futur vainqueur hésite pour finalement retourner le lendemain vers l'orient... Pendant que Roland Jourdain comprend que l'ouverture côté Brésil n'est plus d'actualité : il tire un long bord vers le nord-est qui va réduire son retard d'une cinquantaine de milles le 16 janvier ! Désormais plus à l'est que le leader, il peut espérer profiter d'un flux d'alizés encore assez instable, mais en cours de restructuration.

La situation au large du Brésil se décante enfin, ce qui n'est pas le cas au cap Horn ! Brian Thompson, Arnaud Boissières et Dee Caffari affrontent l'un des plus violents coups de vent de ce Vendée Globe : plus de 70 nœuds juste après le passage de la pointe sud-américaine... Au point que les trois solitaires doivent, soit se réfugier près des côtes chiliennes, soit piquer à 90° de la route ! Pendant que Armel Le Cléac'h se bat dans une dépression orageuse, Samantha Davies et Marc Guillemot peinent dans un marais barométrique : l'Atlantique Sud est extrêmement volage en ce début d'année... En tête de flotte, les alizés d'est se sont enfin remis en place, particulièrement pour le leader qui peut allonger la foulée, beaucoup plus que son poursuivant direct qui, avec près de 500 milles de retard, reste dans le sillage de Michel Desjoyeaux. Roland Jourdain n'a pas la même puissance avec quatre nœuds de moins au compteur, en raison d'un flux de nouveau asthmatique, qui le sera encore plus pour les autres solitaires !

Classement au passage de l'équateur et temps de course depuis le 9 novembre à 13 h 02 :

| | |
|---|---|
| **1-DESJOYEAUX MICHEL** | 71 jours 17 h 12 min |
| **2-JOURDAIN ROLAND** | 73 jours 20 h 28 min |
| **3-LE CLÉAC'H ARMEL** | 76 jours 06 h 43 min |
| **4-DAVIES SAMANTHA** | 81 jours 02 h 28 min |
| **5-GUILLEMOT MARC** | 81 jours 12 h 13 min |
| **6-THOMPSON BRIAN** | 82 jours 12 h 18 min |
| **7-CAFFARI DEE** | 83 jours 23 h 08 min |
| **8-BOISSIÈRES ARNAUD** | 86 jours 06 h 41 min |
| **9-WHITE STEVE** | 90 jours 15 h 23 min |
| **10-WILSON RICH** | 98 jours 12 h 08 min |
| **11-DINELLI RAPHAËL** | 104 jours 08 h 43 min |
| **12-SEDLACEK NORBERT** | 108 jours 13 h 28 min |

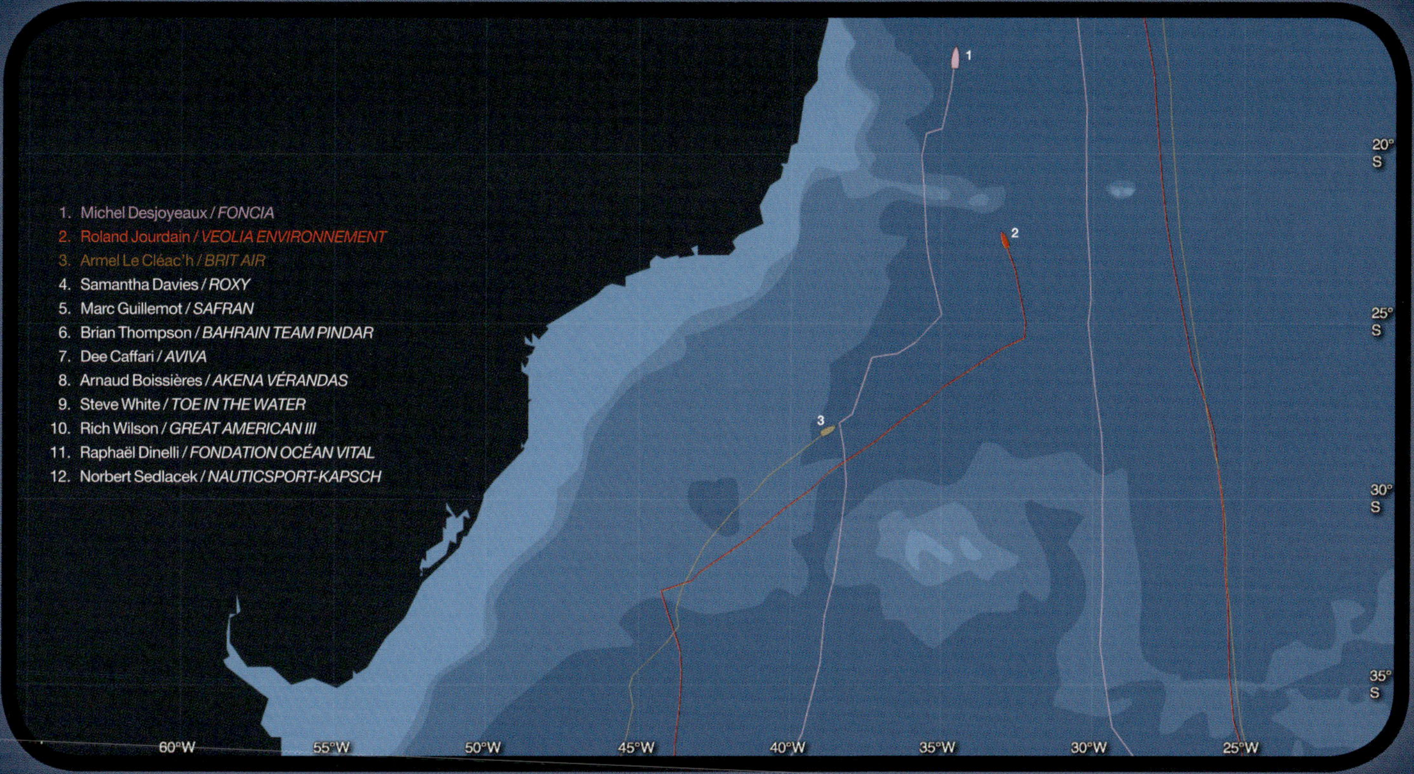


Carte des positions du 16/01/09 à 11 h 00 : Michel Desjoyeaux n'a pas choisi de s'écarter encore plus de l'orthodromie, il a du mal à s'extraire d'une zone perturbée qui l'oblige à enchaîner les changements de cap, optant pour le contrôle tactique au détriment d'une stratégie à moyen terme.

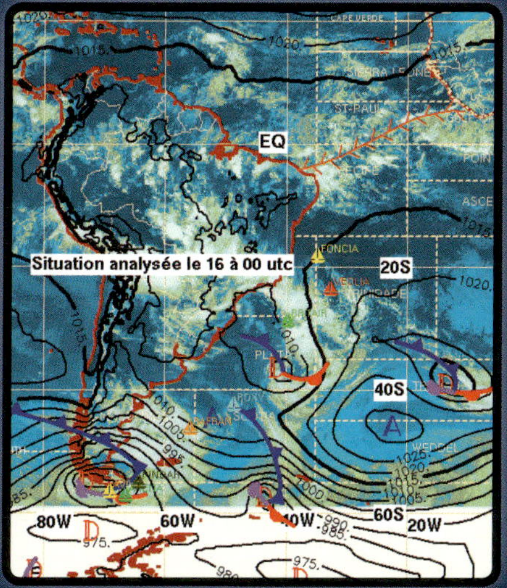


Image météo du 16/01/09 : l'anticyclone de Sainte-Hélène n'est, comme lors de la descente de l'Atlantique deux mois auparavant, pas du tout à sa place habituelle : des bulles orageuses s'échappent du Brésil en perturbant sensiblement les alizés de sud-est.

Michel Desjoyeaux / *Foncia*

*Chapitre 6* – Les arrivées

# Happy end

Le retour dans le chenal des Sables-d'Olonne a des vertus magiques. Dans cet étroit corridor, passerelle émotionnelle entre mer et terre, les galères, les misères et les souvenirs les plus noirs sont balayés par le souffle des vivats. Du 1er février au 15 mars, pendant quarante-deux jours, les arrivées se sont succédées. Lentement. De Michel Desjoyeaux à Norbert Sedlacek, la foule humaine est venue partager les soupirs et les larmes de bonheur de ces aventuriers solitaires. Le rideau tombe sur onze happy end. Fin d'un sixième Vendée Globe exceptionnel en tous points.

**Foncia à tribord.**

Première image de *Foncia* depuis le cap Horn.

Michel est survolé quelques jours avant son arrivée.

**QUAND, LE 15 MARS,** quarante-deux jours après Michel Desjoyeaux, Norbert Sedlacek franchit la ligne d'arrivée à bord de son vénérable *Nauticsport-Kapsch*, il devient le dernier concurrent du Vendée Globe le plus rapide de l'histoire. En bouclant son périple en 126 jours 5 heures 31 minutes, il devance d'un peu moins de trois heures Karen Lebovici, qui détenait le record jusque-là. L'Autrichien, qui, avant de se lancer dans l'aventure maritime, exerça tour à tour les métiers de barman et de conducteur de tram, pourra entrer dans Vienne la tête haute, conscient d'avoir joué une de ses plus jolies valses. Heureux comme un gosse, ému de voir autant de monde s'être déplacé pour l'accueillir, Norbert avouait : « *Il faut un peu de chance pour arriver jusqu'ici. J'en ai eu, même si j'ai eu ma dose de soucis techniques…* » Son tour du monde est aussi un formidable coup de pied de l'âne à ceux qui voudraient que seuls des professionnels élevés au grain puisse jouir du plaisir de remonter le chenal des Sables-d'Olonne, entourés d'une haie d'honneur. Il est aussi la preuve que la cohabitation demeure possible entre compétition de très haut niveau et aventure humaine. Ce mélange, si difficile à atteindre, ne vaut aussi que par le formidable accueil que Sablais et Vendéens savent réserver à tous ceux qui reviennent de leur parcours en solitude… Depuis Jean-François Coste, qui, en 1990 avait bouclé son tour du monde en cent soixante-trois jours empreints de philosophie et de lectures édifiantes, à chaque édition, les derniers ont bénéficié d'un engouement comparable à la ferveur qui entourait les têtes d'affiche. Et c'est peut-être là une des plus jolies leçons de morale que le public qui se masse sur les jetées donne au monde de la course au large… On a trop connu, par ailleurs, d'arrivées d'inconnus anonymes relégués en bout de ponton, accompagnés du soutien de quelques intimes, pour comprendre à quel point cette course transcende des valeurs essentielles.

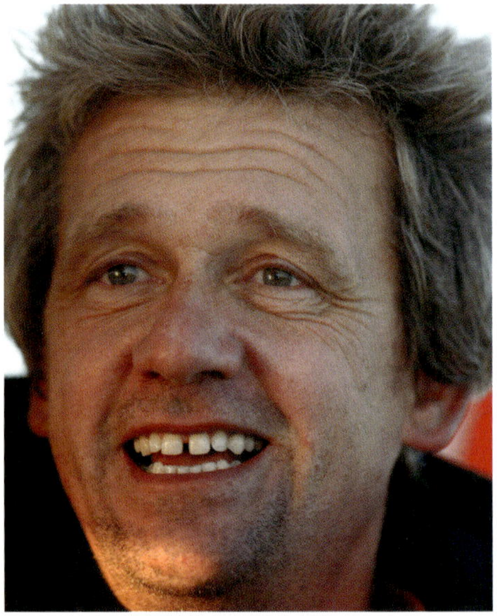

**« Il faut un peu de chance pour arriver jusqu'ici. J'en ai eu, même si j'ai eu ma dose de soucis techniques… »**

La deuxième tentative est la bonne pour Norbert Sedlacek, premier Autrichien à boucler le Vendée Globe.

# Dee Caffari

## *Aviva*

**EN QUELQUES ANNÉES,** la Britannique Dee Caffari a échangé son jogging de professeur d'éducation physique pour un ciré de marin hauturier. Initiée dès son plus jeune âge par un père passionné de voile, la Britannique n'a pas mis longtemps à céder à l'appel du large. Un célèbre marin britannique a joué un rôle déterminant dans sa carrière : Mike Golding, pour qui elle a travaillé. Une vraie source d'inspiration. Comme lui, elle a effectué son premier tour du monde en équipage et à l'envers lors du Global Challenge. Elle termine à la dixième place de l'édition 2004-2005 à la tête d'un équipage de dix-sept marins amateurs. Toujours dans le sillage de Golding, elle entreprend en 2005 d'être la première femme à réaliser un tour du monde à l'envers, en solitaire et sans escale. Elle part sur le même bateau que pour son premier tour du monde. Un Challenge 72 de 21 mètres et 38 tonnes dessiné pour un équipage ! Après six mois de navigation contre les vents et les courants dominants, elle est accueillie en héroïne en Grande-Bretagne en mai 2006, après cent soixante-dix-huit jours de mer. Pour cet exploit maritime unique, elle reçoit les honneurs dans son pays et de nombreuses récompenses. Mais la jeune femme déterminée ne va pas s'arrêter en si bon chemin. Son prochain objectif est le Vendée Globe, l'Everest de la course au large. Ce n'est pas grave si elle n'a quasiment jamais régaté de sa vie. Elle apprend vite. Sur l'ancien monocoque 60 pieds de Mike Golding qu'elle a loué en attendant la construction de son propre bateau, un sister-ship de l'*Ecover III* de… Mike Golding, évidemment ! Impressionnée par le rythme imprimé par les leaders du Vendée Globe, elle est très affectée par les avaries successives de ses adversaires, et notamment par le dématage de Mike Golding. Après quatre-vingt-dix-neuf jours de mer, elle s'empare d'une superbe sixième place. À son arrivée, Dee déclare qu'avec la pression de la course, tourner à l'endroit en moins de cent jours est plus dur qu'à l'envers en six mois ! Mais elle a accompli son rêve et s'est tenue à sa devise : « oser, rêver, découvrir ». Dee Caffari est la première femme à réaliser le tour du monde en solitaire et sans escale dans les deux sens.

AVIVA
IMOCA
OCEAN RACING
WORLD CHAMPIONSHIP
GBR 222
AVIVA
AVIVA
Savings Investments Insurance
AVIVA
Sodeb'O
AVIVA
222
AVIVA
Savings Investments Insurance
AVIVA

# Mich' Monde

**LES DEUX DERNIÈRES** éditions du Vendée Globe nous avaient habitués à voir, en l'espace de quelques jours, une rafale de concurrents se succéder dans le port des Sables-d'Olonne. Et compte tenu du plateau, certains imaginaient que le nom du vainqueur se jouerait peut-être au large des côtes de Vendée, dans une régate à couteaux tirés. Mais les légendes ont du mal à se satisfaire de scénarios écrits trop longtemps à l'avance. De Michel Desjoyeaux à Armel Le Cléac'h, son dauphin, il fallut attendre presqu'une semaine, puis patienter une autre semaine encore avant de savoir à qui reviendrait la troisième marche du podium. Pour le plaisir des spectateurs, qui n'ont pas hésité à patienter parfois des heures par un froid glacial, la majeure partie des navigateurs a eu l'élégance et le bon goût de revenir à quai lors d'un week-end. Il y eut d'abord le boss, Michel Desjoyeaux, qui s'est présenté le 1er février en milieu d'après-midi, à l'heure de la promenade dominicale. Une arrivée toute en finesse, chirurgicale, réglée sur un tempo parfait. Ce fut d'abord la meute des vedettes de la presse et des navires à passagers qui ont rejoint le navigateur de *Foncia*, alors qu'il faisait route depuis l'île d'Yeu vers la ligne d'arrivée. Michel, qui s'attendait à ce déferlement médiatique, avait choisi de profiter de ses dernières vingt-quatre heures en mer pour couper le téléphone, faire le vide, regarder dans son sillage et se féliciter du travail accompli. Porté par un vent de nord-est bien établi, c'est à plus de 12 nœuds que le navigateur de Port-la-Forêt a franchi la ligne, devenant ainsi le premier double vainqueur de l'histoire du Vendée Globe. Ensuite, tout fut à l'image du personnage : les quelques instants d'intimité avec les proches, préservés et pudiques, et cette remontée du chenal où chaque détail semblait avoir été anticipé : un nombre impressionnant de feux à mains percutés tout au long

**« Je fais ça parce que je m'amuse, que ça me plaît, que c'est ma passion et que je ne sais pas faire grand-chose d'autre. »**

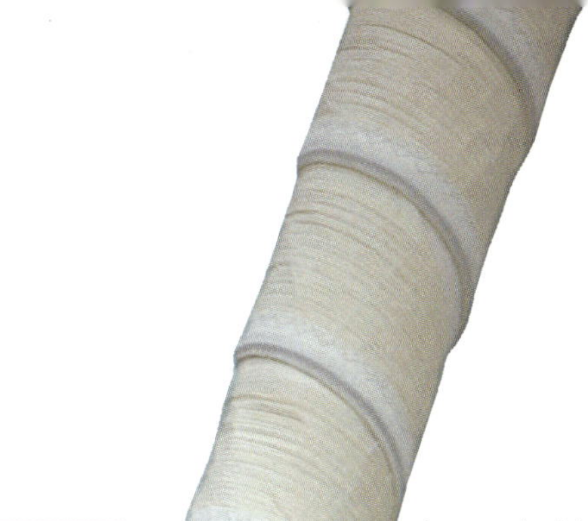

Au large ou dans le chenal, des centaines d'embarcations et plus de 150 000 personnes sont rassemblées autour du héros de ce sixième Vendée Globe.

de la marche triomphale du monocoque blanc, les seaux remplis d'eau de mer pour permettre de changer rapidement de fusée, les adresses au public sonorisées depuis le bateau, les réponses aux questions, précises, directes, sans fard ni fioritures.
« Mich' Monde », comme l'a surnommé son sémillant fan-club venu l'acclamer sur les pontons, s'est bel et bien révélé un cran au-dessus de ses adversaires. Il a réalisé une navigation courageuse et d'une limpidité phénoménale, résultat d'un travail de préparation méticuleux, d'une équipe acquise à sa cause et d'une méthode bien à lui, fruit de longues années d'expérience. À ceux qui, en conférence de presse, le rangent déjà dans le tiroir poussiéreux des légendes, il rétorque simplement : « *Je fais ça parce que je m'amuse, que ça me plaît, que c'est ma passion et que je ne sais pas faire grand-chose d'autre. Être au Panthéon, ça ne m'intéresse pas. Et d'ailleurs, les légendes, c'est des gens qui ne sont plus là ; moi je suis encore là et je ne suis pas prês de prendre ma retraite !* » À ceux qui évoquent sa chance insolente et sa capacité à passer entre les gouttes, il répond par une pirouette : « *Quelqu'un a dit : " Quand la chance se répète, ça s'appelle du talent. " Mais cette définition n'est pas de moi !* » Se réfère-t-il sans le savoir au musicien Hector Berlioz qui affirmait qu'il faut du talent pour appeler la chance ? Probablement. Les analyses sans concession et les déclarations taillées au scalpel sont bien les moindres des privilèges que peut s'arroger cet immense navigateur dont la performance a laissé bouche bée rivaux et observateurs. Mais Michel Desjoyeaux est aussi un homme de savoir-vivre : la fête qui suivit fut à la hauteur de son exploit. Plusieurs de ses adversaires victimes de la casse étaient venus le saluer sur le ponton d'honneur, puis partager avec lui une troisième mi-temps mémorable.

# Brian Thompson
## *Bahrain Team Pindar*

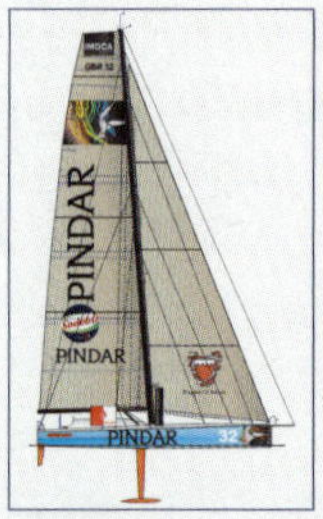


**NÉ D'UN PÈRE IRLANDAIS** et d'une mère polonaise, Brian Thompson est l'un des skippers britanniques à la fois les plus expérimentés et les plus discrets. En dix-sept ans de course au large, le grand Brian a navigué sur toutes les mers du globe et sur toutes sortes d'embarcations, en solitaire comme en équipage. Celui qui ne se fait pas remarquer a pourtant su se rendre indispensable dans beaucoup de projets. Dans sa longue carrière, une majorité des centaines de milliers de milles parcourus l'ont été en multicoque. Après sa victoire dans la Transat anglaise 92 en classe 5 sur un petit trimaran de 35 pieds, il devient le bras droit du regretté Steve Fossett dans ses nombreuses campagnes de records. D'abord sur le 60 pieds *Lakota* (ex-*Pierre 1*er) puis sur le maxi-catamaran Cheyenne (ex-*PlayStation*). Bon nombre des multiples records glanés sur l'eau par l'aventurier milliardaire américain l'ont été grâce, notamment, à l'expertise de Brian. Toujours sans faire de bruit, il a ainsi décroché vingt-cinq records mondiaux – dont le tour du monde en cinquante-huit jours ! Et cumulé en même temps un nombre impressionnant de victoires : l'EDS Atlantic Challenge 2001 avec Ellen MacArthur, la Transat Québec-Saint Malo 2004 comme navigateur de Karine Fauconnier, ou encore l'Oryx Quest 2004 en tant que skipper du maxi-cata *Doha*. On l'aperçoit aussi en duo avec Mike Golding sur la Transat Jacques Vabre 2003. Devenu skipper du 60 pieds *Artemis*, Brian va enfin pouvoir mener à bien ses propres projets et assouvir son envie de courses en solitaire. Car depuis sa victoire en 1992, il n'a disputé en solitaire que la Transat 6,50 en 2001, prouvant une nouvelle fois qu'il était à l'aise sur tous les types de voiliers. Mais son éviction du projet *Artemis*, remplacé par son boat captain Jonny Malbon, l'oblige à repartir de zéro dans la chasse aux partenaires. Andrew Pindar, fidèle sponsor de la voile depuis quinze ans, connaît le grand Brian et lui remet le pied à l'étrier, avec à la clé le plus puissant des monocoques Imoca de la dernière génération. Malheureusement, deux démâtages ont retardé sa préparation pour le Vendée Globe 2008-2009. Malgré de nombreux soucis techniques et structurels qui l'ont obligé à bricoler à de multiples reprises pendant son tour du monde, il s'empare d'une très honorable cinquième place sur ce Vendée Globe.

CONSEIL GENERAL
32

Le bonheur d'Armel.
Bizuth du Vendée Globe,
le skipper de *Brit Air* peut
savourer son arrivée
à Port-Olonna.

L'arrivée d'Armel Le Cléac'h (*Brit Air*) avait la saveur des grandes premières. Lui, le bizuth qui avait choisi de faire une course à sa main, à force de patience et d'intelligence, terminait donc à la deuxième place, pour sa première participation. Sans fanfaronnade : Armel, en bon marin, savait la part de chance qui présidait à un tel résultat. Fidèle à son tempérament, le navigateur de la baie de Morlaix a tenu à rendre hommage à Roland Jourdain, contraint de s'arrêter aux Açores, avant de tirer un coup de chapeau appuyé au grand vainqueur de cette édition 2008-2009 : « *Je me suis dit, avant le départ : le plus jeune a trente ans, c'est bizarre qu'il n'y ait pas de concurrent plus jeune... Maintenant, j'ai compris pourquoi. C'est une course qui demande beaucoup d'expérience, beaucoup d'investissement. On ne peut pas partir comme ça. C'est une course à part, dure, mentalement et physiquement. Il faut du métier, et ce n'est pas un hasard si Michel a gagné.* » Amaigri de huit kilos, Armel a dévoilé une émotion non feinte à l'occasion de cette arrivée. Comme si le poids de cette course se libérait d'un coup et qu'il pouvait enfin fendre l'armure de ses pudeurs. Pour vivre sur la brèche, trois mois durant, dans un environnement souvent hostile, il ne possédait pas l'expérience de vieux briscards tels que Roland Jourdain, Dominique Wavre ou Jean Le Cam. Peu à peu, il a pris la mesure, apprivoisé ses doutes et son bateau. Cette course lui a permis d'apprendre beaucoup de choses sur le plan technique bien sûr, mais aussi sur lui-même. Tête bien faite et mental solide, Armel saura, sans nul doute, tirer rapidement profit de l'expérience emmagasinée…

Brillant deuxième, Armel Le Cléac'h peut être fier de sa performance pour sa première participation.

# Des parcours et du plaisir à géométrie variable

**ILS NE FURENT QUE ONZE** à rallier le port des Sables-d'Olonne, mais tous garderont en mémoire ces instants où tout bascule avant que l'on mette définitivement le pied à terre. Cette entrée dans l'arène, c'est aussi un sas de décompression, la prise de conscience que l'on quitte un monde pour un autre. Certains vivent cette transition sans traumatisme apparent : Steve White, qui fermait la cohorte des concurrents britanniques, a pu ainsi démontrer à quel point l'énergie et l'optimisme dont il avait fait preuve tout au long de son parcours n'étaient pas qu'une façade… En franchissant la ligne en huitième position, il allait au-delà de son rêve et démontrait qu'il avait l'envergure pour accomplir un parcours d'un autre calibre. À peine débarqué, Steve évoquait déjà les échéances de 2012. Oubliées ses galères financières et les incertitudes, trois semaines avant le départ, sur ses chances de participer à l'aventure. C'est ce qu'on appelle avoir la foi chevillée au corps. Il y eut aussi l'arrivée de l'ancien prof de maths Rich Wilson, dont le parcours s'est parfois apparenté à un chemin de croix. Asthmatique, Rich voulait aussi démontrer que sa maladie n'était pas un handicap insurmontable pour aller au bout de ses rêves. L'Américain regrette sans doute d'avoir parcouru la majorité de son tour du monde esseulé, loin de tout compagnon de route. Jonglant entre les soucis techniques, la fatigue et un sentiment de grande solitude, il a fait front avec courage. Gardera-t-il le souvenir d'intenses moments de plaisir ou simplement la satisfaction du devoir accompli ?

Ils l'ont fait ! Rires ou larmes, Steve White et Rich Wilson ont réussi leur pari. Et sont bouleversés par l'accueil du public.

***Asthmatique, Rich voulait aussi démontrer que sa maladie n'était pas un handicap insurmontable pour aller au bout de ses rêves.***

# Samantha Davies

## *Roxy*

**AVEC UN GRAND-PÈRE COMMANDANT** de sous-marin et des parents passionnés de mer au point de vivre aujourd'hui sur leur magnifique goélette en bois, pas étonnant que la jeune Samantha ait commencé à naviguer avant même de savoir marcher. Titulaire d'un master d'ingénierie et sportive accomplie – elle a pratiqué la natation synchronisée à haut niveau –, Sam Davies a rapidement embrassé une carrière de régatière du large. À 24 ans à peine, elle embarque pour un tour du monde dans le cadre du Trophée Jules Verne. Mais le maxi-catamaran *Royal & Sun Alliance*, entièrement mené par un équipage féminin, démâte dans le Pacifique. Une première expérience peut-être trop précoce, mais qui a donné envie à Sam de revenir naviguer dans le Grand Sud, après avoir fait ses armes de navigatrice. Retour donc à un parcours plus classique. À commencer par la Mini-Transat 2001. Avec la pratique du solitaire, la jeune Anglaise découvre au passage les charmes de la France, et plus particulièrement de la Bretagne, où elle s'installe en 2002. Suivent quatre années de Figaro avec entraînement au centre de Port-la-Forêt. Elle tire ses premiers bords en monocoque 60 pieds dès 2003 avec Nick Moloney. Choisie par la marque Roxy en 2006 pour succéder à Anne Liardet en 60 pieds Imoca, Samantha va pouvoir se consacrer entièrement à son nouvel objectif : disputer le Vendée Globe. À bord d'un voilier mythique, double vainqueur du Vendée Globe avec Michel Desjoyeaux (2001) et Vincent Riou (2005), elle déclare au moment du départ, avec un brin d'humour : « Mon bateau est plus célèbre que moi ! » Après quatre-vingt-quinze jours de navigation autour de la planète, cette déclaration n'est plus d'actualité : Sam Davies est l'une des grandes révélations de ce sixième Vendée Globe. Avec son petit accent anglais, son sourire permanent et son bonheur simple d'être en mer, elle a charmé tous les aficionados du Vendée Globe. En terminant à une superbe quatrième place, à moins de quatre-vingts minutes du troisième, elle a en plus réalisé la deuxième meilleure performance d'une navigatrice sur le Vendée Globe, après Ellen MacArthur en 2001. Une belle référence…

tellsomeone.eu
Sodeb'O

Les deux Sablais d'adoption que sont Raphaël Dinelli et Arnaud Boissières eurent, comme on pouvait s'y attendre, un accueil digne des plus grands. Raphaël a beau être un habitué des arrivées vendéennes, il montrait, comme les autres, une émotion sincère d'en avoir terminé et d'avoir pu valider son tour du monde. Et pourtant, la course de Raphaël fut loin d'être une sinécure : victime d'une avarie de drisse, il devra composer avec une grand-voile hissée au troisième ris pendant les quatre cinquièmes du parcours. De surcroît, sur un bateau exigeant physiquement, le navigateur sablais, qui s'était insuffisamment hydraté par la faute d'un désalinisateur récalcitrant, a dû composer avec des tendinites tenaces aux coudes.

Restait la satisfaction d'avoir bouclé la boucle et d'être allé au bout de ses idées. Raphaël devrait maintenant travailler au développement de sa Fondation Océan Vital et continuer de promouvoir les vertus des énergies renouvelables dans la vie quotidienne.

Arnaud Boissières (*Akena Vérandas*), s'il revendique ses origines arcachonnaises, n'en est pas moins devenu un enfant du pays. Porte-drapeau d'une entreprise qui a pignon sur rueen Vendée, il a été adopté pour sa simplicité, sa gentillesse et sa capacité à pratiquer un humour décalé. Tout au long de son périple, Arnaud a su garder la ligne de conduite qu'il s'était fixée. Il a puisé dans cet exercice de

***Les mêmes gestes, les mêmes sourires se retrouvent sur les visages de ceux qui terminent le Vendée Globe, Arnaud Boissières (à gauche) et Raphaël Dinelli.***

Dee Caffari est la première femme à boucler le tour dans les deux sens.

nouvelles certitudes ainsi qu'un plaisir évident. Sachant qu'il évoluait à bord d'un monocoque moins performant que ceux de dernière génération, il voulait avant tout faire un tour du monde de bonne facture mission accomplie. Le seul regret qu'aurait pu nourrir celui que le petit monde de la course au large surnomme « Cali », en référence au célèbre Caliméro des dessins animés pour enfants, c'est de ne pas avoir pu tenir la dragée haute jusqu'au bout à ses deux complices anglophones des mers du Sud, Brian Thompson (*Bahrain Team Pindar*) et Dee Caffari (*Aviva*). Brian, arrivé finalement cinquième, aura passé une grande partie de son tour du monde à bricoler et à résoudre des problèmes techniques consécutifs à un manque de préparation. Il offrit une arrivée toute en pudeur et retenue, à l'image de son personnage. Tout autre fut l'arrivée de Dee Caffari. La navigatrice britannique, qui encore un an plus tôt confessait ne pas se sentir à la hauteur du plateau, terminera finalement sixième de la course. Elle démontrera surtout une énergie formidable, alliée à un tempérament de feu. Ses derniers bords en témoigneront, comme sa conférence de presse. Arnaud Boissières, qui a longuement correspondu avec elle, avait prévenu : *« Dee, c'est une rigolote… »* Effectivement, elle sut se mettre le public dans la poche en s'étonnant du nombre de personnes venues l'accueillir aux Sables, ajoutant dans un français encore légèrement approximatif : *« Et pourtant, je suis une glaouche… »*

Au centre, Brian Thompson est accueilli par Sam Davies et Mike Golding. La communauté anglaise a le sourire.

# Marc Guillemot

## *Safran*

**NÉ À BÉNODET ET ÉLEVÉ** dans un milieu de marins et de régatiers, Marc Guillemot s'est naturellement – et rapidement – destiné à la régate. Premiers convoyages à 15 ans, premières régates à 18 et première course solo à 20 ans. Très vite, Marco se tourne vers le multicoque. À 22 ans seulement, il remporte la Twostar dans sa classe. Vient ensuite la rencontre avec Nigel Irens et Patrick Morvan et la saga des Jet Services. Premier record de l'Atlantique en 1984 avec Jean Le Cam et Serge Madec sur *Jet Services II*. Rebelote en 1988 sur *Jet Services V*. Entre les deux, il survit au tragique accident de *Jet Services IV,* qui verra la disparition de Jean Castenet. Grièvement blessé, il endure deux longues années de rééducation. Étonnant hasard du destin ! Lors de l'accident de Yann Eliès au sud de l'Australie, il est le plus proche concurrent et le premier à venir le soutenir. Qui mieux que Marco peut comprendre la souffrance du skipper blessé et trouver les mots pour le réconforter ? Ce Vendée Globe et les courses qui l'ont précédé ont marqué le grand retour de Guillemot au monocoque, qu'il n'avait plus pratiqué depuis ses deux tours du monde en équipage lors des Whitbread 1989 et 1994. Entre temps, il a animé la classe des multicoques Orma en terminant régulièrement sur les podiums, mais jamais sur la plus haute marche. Sensible et discret, Marc Guillemot a réalisé, à 49 ans, le plus incroyable tour du monde de cette sixième édition. Il a successivement vécu le sauvetage de Yann Eliès, des rencontres improbables lors de ses escales à l'île Auckland et aux Malouines, effectué la moitié du tour du monde sous voilure réduite à cause d'avaries de rail de mât et réalisé l'exploit inimaginable de terminer les 1 200 derniers milles sans quille pour rejoindre Les Sables-d'Olonne. Et au final, il se hisse sur la troisième marche du podium…

WWW.SAFRAN-GROUP.COM
Sodebo
SAFRAN
SAFRAN
SAFRAN
SAFRAN
SAFRAN
25

## « Je n'ai pas pleuré. C'était l'objectif : zéro larme. »

Une autre petite Anglaise était particulièrement attendue dans le port des Sables-d'Olonne. En franchissant la ligne d'arrivée le samedi 14 février à 01 h 41, Samantha Davies faisait en quelque sorte coup double. Tout d'abord, elle préservait ses chances d'accéder au podium final devant Marc Guillemot. Par ailleurs, l'entrée dans le port lui étant interdite pour cause de marée basse, elle pouvait passer la nuit en mer, au mouillage, entourée seulement de ses proches et de son équipe technique. Un nécessaire sas de décompression pour celle qui était devenue, en trois mois, la coqueluche du public. Le lendemain, l'entrée dans le chenal de Sam et de son *Roxy* (ex-*PRB*, le monocoque double vainqueur de l'épreuve) avait quelque chose de particulièrement rafraîchissant. Perchée sur le balcon avant ou s'abritant dans le cocon protecteur de son équipe, sautant de joie, éperdue d'émotion, Sam symbolisait tout ce que le public venait chercher dans ces arrivées : saluer de fantastiques navigateurs, qui n'en sont pas moins des êtres humains… un peu hors norme. Interrogée sur la possibilité pour une femme de remporter un jour le Vendée Globe, la navigatrice affichait cette détermination qui ne l'avait jamais quittée : *« La différence hommes-femmes ? Je pense qu'il faut surtout être une femme motivée. Si tu as envie d'y arriver, tu peux le faire. Homme ou femme, c'est dans la tête qu'une course se joue. Je n'ai pas pleuré. C'était l'objectif : zéro larme. Enfin… lors de ma dernière soirée, sous spi, en pensant que c'était ma dernière nuit en mer, j'ai failli. Mais ce sera peut-être dans deux jours, quand je me rendrai compte que c'est fini. »*

Révélation de ce Vendée Globe par sa fraîcheur et son bonheur partagé, Samantha Davies réalise la deuxième meilleure performance d'une femme après Ellen MacArthur.

# Armel Le Cléac'h

## *Brit Air*

**EN VOILÀ UN QUE LA PRESSION** d'une première fois n'atteint pas. Armel Le Cléac'h a même tendance à très bien réussir ses premières participations. Deuxième de la Solitaire du Figaro en 2000, deuxième de l'Artemis Transat (la Transat anglaise) 2008 et deuxième du Vendée Globe 2008-2009 ! Une régularité de résultat à l'image de sa stabilité sur l'eau. Fin régatier, il commet très peu de fautes et s'est vu attribuer un surnom qui illustre parfaitement sa ténacité et son mordant en course : le « Chacal » ! C'est certain, il fallait du sang-froid pour s'imposer sur la Solitaire du Figaro 2003 – dès sa quatrième participation – avec seulement treize minuscules secondes d'avance sur Alain Gautier – le plus petit écart jamais enregistré en course au large. Le podium était alors complété par Michel Desjoyeaux. Une victoire devant deux vainqueurs du Vendée Globe… Tout un symbole ! Bon prince, Gautier lui proposa de lui succéder à la barre du trimaran *Foncia*. Mais après un chavirage dans le golfe de Gascogne sur la Transat Jacques Vabre 2005, Armel préféra revenir sur une coque en vue du Vendée Globe, avec le succès que l'on sait. Originaire de Saint-Pol-de-Léon, dans la baie de Morlaix, Armel est devenu le porte-drapeau de son village : il rappelle souvent, et avec une fierté presque théâtrale, son héritage culturel. Pour le Chacal, la voile est d'abord une affaire de famille et de copains. Dans la famille Le Cléac'h, tout le monde navigue. Quoi de plus naturel donc pour Armel que de choisir sa femme, Aurélie, comme responsable de projet et son frère Gaël comme responsable technique. Ce dernier a d'ailleurs longtemps œuvré dans l'ombre de Bilou. Pour Armel, la compétition avec les copains débute dès 9 ans en Optimist. Les amis d'alors sont ses premiers supporters d'aujourd'hui. Un vrai fan-club venu célébrer comme il se doit la superbe et inespérée deuxième place d'Armel aux Sables-d'Olonne. Dauphin de Michel Desjoyeaux, Armel ne pouvait rêver beaucoup mieux pour son premier Vendée Globe. Nul doute qu'il s'alignera en favori la prochaine fois…

BRIT AIR
Sodeb'O
www.britair.com
BRIT AIR
BRIT AIR
BRIT AIR
BRIT AIR
BRIT AIR
www.britair.com
BRIT AIR
62

# Sans quille, mais avec les copains

**POUR BOUCLER CETTE HISTOIRE,** il ne manquait plus que l'incroyable arrivée de Marc Guillemot. Le skipper de *Safran* avait une double occasion de marquer de sa patte ce mois de février 2009. D'une part, s'il parvenait jusqu'à la ligne, cela signifierait plus de 1 000 milles de navigation sans sa quille, perdue à quatre jours de l'arrivée. D'autre part, en bouclant son tour du monde avant le dimanche à 03 h 41, il s'emparait de la troisième place effective de ce Vendée Globe. La journée du samedi fut, à cet égard, celle de toutes les incertitudes. Avec une heure d'arrivée estimée comprise entre le début et la fin de nuit, nul ne pouvait prédire ce qu'il adviendrait ; d'autant que petit temps et vents contraires ne semblaient pas être l'alchimie idéale pour faire progresser vers l'arrivée un voilier privé de son principal plan antidérive. C'est finalement à 01 h 21, que Marc Guillemot coupait la ligne d'arrivée devant la bouée Nouch Sud. Le navigateur, qui depuis quatre jours naviguait sur le fil du rasoir, pouvait alors exulter. Terrassé par l'émotion, Marco s'écroulait sur le pont de son bateau, qu'il avait réussi à ramener à bon port avant d'être rejoint par son équipe technique et sa famille. Petit avantage corollaire de la perte de sa quille : nul besoin pour le navigateur d'attendre la marée haute pour rentrer dans le port. C'est donc vers 3 heures du matin que le monocoque à l'élégante robe grise se présentait à l'entrée du chenal, devant un public nombreux qui avait tenu à braver un froid mordant pour saluer le parcours atypique d'un navigateur exemplaire. Mais il était dit que le skipper de *Safran* se démarquerait jusqu'au bout dans la conduite de cette aventure. Pour lui qui était passé près de l'abandon, qui avait pu vivre le calvaire de Yann Eliès, qui avait imaginé la déception de ceux qui s'étaient arrêtés sur le bord de la route, cette remontée du chenal devait être une fête. Et quoi de plus beau que de partager ces instants-là. C'est ainsi que le public assista à la procession d'un monocoque blessé peut-être, mais bel et bien là, avec à son bord Marc Guillemot, bien sûr, mais aussi Jean Le Cam, Kito de Pavant et Roland Jourdain, accompagnés de Yann Eliès, resté bord à bord dans un semi-rigide. Des cinq navigateurs solitaires qui ont remonté le chenal des Sables-d'Olonne, un seul avait pu aller au bout de l'aventure. En demandant à ses compagnons d'infortune de le rejoindre, Marc a simplement souligné une évidence : cette compétition hors de tous les canons classiques de la course au large restera, quoi qu'il advienne, une aventure humaine exceptionnelle…

Marc Guillemot a remonté le chenal avec ses copains malheureux, Kito de Pavant, Yann Eliès, Jean Le Cam et Roland Jourdain, rejoints par l'Anglaise Sam Davies.

Incroyable aventure que ce Vendée Globe vécu par Marc Guillemot, « sauveteur » psychologique auprès de Yann Eliès, et qui monte sur la troisième marche du podium malgré deux arrêts et surtout les 1 000 derniers milles parcourus sans quille !

# Michel Desjoyeaux

## *Foncia*

**EN SIGNANT UN MAGISTRAL PREMIER DOUBLÉ** dans le Vendée Globe, Michel Desjoyeaux est définitivement entré dans les livres d'histoire de la course au large comme le plus grand navigateur solitaire de tous les temps. Mich' Desj' possède de très loin le plus beau palmarès de la course au large en solitaire. Il a tout remporté, à l'exception de la Mini-Transat. Son tableau de chasse compte désormais deux Vendée Globe, trois Solitaire du Figaro, la Route du Rhum et la Transat anglaise… Son incroyable remontée de toute la flotte après un retour technique aux Sables d'Olonne le lendemain du départ a confirmé toutes les qualités du marin : excellent régleur, fin stratége et analyste météo, préparateur et optimisateur hors pair, le tout doublé d'une détermination sans égale. Une somme de talents qui l'a hissé en tête dès le trente-septième jour de course (au passage du Cap Leeuwin), qu'il n'a plus quittée jusqu'à l'arrivée. En 84 jours 03 heures 09 minutes 08 secondes, il a établi un nouveau temps de référence sur le parcours du Vendée Globe et a battu le précédent record de Vincent Riou de 03 jours 07 heures 39 minutes. Fils d'un des fondateurs de l'école des Glénans, Mich' Desj' est tombé dedans petit. L'aire de jeux de son enfance est le chantier familial. Très tôt, il construit lui-même ses premiers bateaux. *Foncia*, son monocoque victorieux signé Farr Yacht Design, – sister-ship du *PRB* de Vincent Riou, a été construit par son grand frère Hubert. La voile et la construction navale sont un atavisme bien ancré chez les Desjoyeaux. Son surnom de « Professeur » inspiré par sa générosité à distribuer les bons conseils sur les pontons d'avant départ, ce surnom se retourne parfois contre lui dans son sens de « donneur de leçons ». C'est mal connaître Desjoyeaux, qui a pour seul défaut de dire ce qu'il pense. Et parfois maladroitement, avec un humour au troisième degré mal compris, ce qui peut passer du coup pour de l'arrogance. Affable et bon vivant à terre, il reconnaît se transformer en « prédateur » une fois en course. À seulement 43 ans, le Professeur n'a pas fini de donner sur l'eau des leçons à ses adversaires…

BANQUE
POPULAIRE
Sodeb'O
FONCIA

# Atlantique Nord (1)

**Le pot au noir traversé plutôt facilement pour le leader, alors qu'il devient plus actif pour son poursuivant direct, il ne reste plus que 3 000 milles à courir jusqu'aux Sables-d'Olonne. Et comme la situation météorologique est stable sur l'Atlantique Nord, difficile d'imaginer un retournement final: Michel Desjoyeaux possède déjà une journée et demie d'avance sur Roland Jourdain…**

## La parabole finale

Le pot au noir est particulièrement bas en latitude puisqu'il descend sous le 2° Sud, une position due à des alizés de l'hémisphère Sud plutôt instables et très perturbés en raison d'un anticyclone de Sainte-Hélène très décalé vers l'Afrique du Sud, alors que les dépressions orageuses se succèdent du côté du Brésil… En parallèle, l'anticyclone des Açores est très puissant, très étendu, et génère des alizés de nord-est assez toniques. Le passage de la zone de convergence inter tropicale (ZCIT) est finalement assez rapide pour le leader, qui ne ralentit franchement qu'une demie-journée alors que son dauphin s'enfonce dans les brises évanescentes pendant près de deux jours. Le bilan est sans appel: de 350 milles quand Michel Desjoyeaux sort du pot au noir, l'écart passe à 500 milles quand Roland Jourdain en termine avec les grains et les calmes! Aligné sur la même trajectoire, le poursuivant ne peut plus espérer qu'un incident technique pour revenir au contact d'un premier qui laisse légèrement courir pour s'écarter des hautes pressions.

Il n'y a pas d'autre solution que de faire le grand tour pour éviter le centre de l'anticyclone des Açores: serrer le vent ne sert à rien quand la situation est stable et qu'il faut éviter tout risque de ralentissement à frôler de trop près les hautes pressions. Michel Desjoyeaux marque une nouvelle fois (après sa descente de l'Atlantique Sud, un mois et demi plus tôt), sa tendance à privilégier le débridé en s'écartant de la route plutôt que de risquer de s'enferrer dans un déplacement impromptu des calmes. Attitude conservatrice, mais totalement justifiée quand on veut rattraper son retard, ou quand on veut conforter sa position de leader à moins de 2 000 milles de l'arrivée! Ainsi, après quelques «escaliers» pour sortir des molles de l'anticyclone, le futur vainqueur pique enfin vers Les Sables-d'Olonne quand Roland Jourdain perd sa quille… Avec au moins cinq jours d'écart, Armel Le Cléac'h n'est plus un adversaire, surtout qu'il navigue désormais prudemment pour ne pas risquer une avarie qui lui enlèverait une magnifique deuxième place!

**Carte des positions du 29/01/09 à 5 h 00 :** Roland Jourdain vient de perdre sa quille alors qu'il concédait près de 800 milles : Michel Desjoyeaux, n'a plus qu'à dérouler sa fin de parcours, derrière une tempête redoutable qui a violemment balayé le sud-ouest de la France.

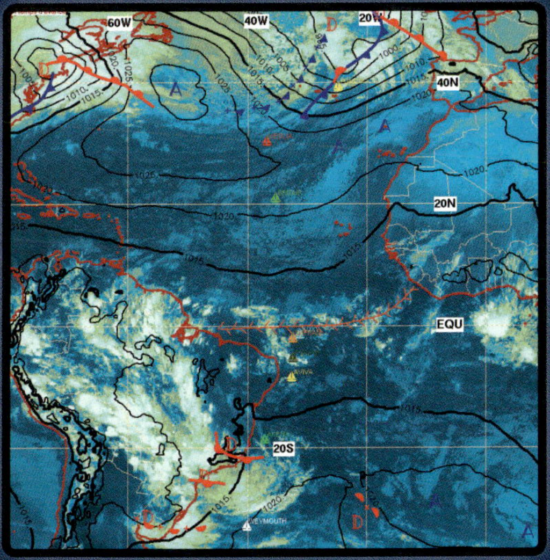


**Image météo du 29/01/09 :** l'anticyclone des Açores est très nettement décalé à l'ouest, ce qui a obligé le leader à s'écarter de la route directe pour aller chercher, pour les derniers milles, un front au-dessus de l'archipel.

Armel Le Cléac'h / *Brit Air*

# Atlantique Nord (2)

## Rebondissements imprévus

Michel Desjoyeaux a vu la tempête du 24 janvier, qui a sévèrement balayé le sud-ouest de la France, passer devant son étrave et, dans le port des Sables-d'Olonne, a observé celle du 3 février, qui a sérieusement bousculé Armel Le Cléac'h à l'entrée du golfe de Gascogne! Et le 9 du même mois, c'est le village qui subit les assauts dévastateurs du vent… Comme quoi les plus violents coups de vent ne sont pas forcément ceux des mers du Sud. Mais derrière ce train de perturbations extrêmement fortes et rapides, l'anticyclone des Açores reprend ses droits… et ses aises. Marc Guillemot en a profité pour faire le « tour de la chapelle », à plus de 1 300 milles de la route directe! En pointe, Samantha Davies n'a pas cru à ce développement progressif des hautes pressions vers l'ouest et se retrouve prisonnière dans de petits airs portants, quand son concurrent le plus proche s'écarte vers l'ouest pour attraper plus tôt les fronts venus de Terre-Neuve. De 80 milles de retard sur Sam Davies dans les alizés de nord-est, l'écart est passé à 90 milles en faveur de Marc Guillemot, quand celui-ci perd sa quille!

Heureusement, l'anticyclone s'installe sur la France en envoyant au large, un régime d'est à nord-est très modéré. Ce climat presque printanier (mais frais) va perdurer pendant plusieurs jours et se renouveler plusieurs fois sans qu'il y ait de perturbations très actives sur cette fin de parcours. Au point que le final se traîne pour nombre de solitaires qui se débattent dans des vents faibles au large des Açores et doivent tirer des bords pour atteindre la ligne d'arrivée. Pour Marc Guillemot, ces conditions météorologiques sont favorables pour terminer sans lest, au près, tout comme pour Brian Thompson, qui connaît pratiquement les mêmes soucis d'appendice, au point que Dee Caffari manque de le coiffer sur le poteau. Et la porte se referme sur Arnaud Boissières, qui compte les jours en constatant que les milles défilent très lentement pour atteindre l'archipel. Pendant ce temps, à l'autre bout de l'Atlantique, Norbert Sedlacek encaisse l'un des plus gros coups de vent du tour du monde (80 nœuds) au large de l'Argentine! Les derniers solitaires auront été les plus secoués de tous les concurrents, non pas parce qu'ils étaient les moins rapides, mais bien parce que les conditions météorologiques ont été très changeantes pendant tout ce sixième Vendée Globe, pratiquement toujours au détriment des poursuivants de Michel Desjoyeaux…

Classement au passage de la ligne d'arrivée aux Sables-d'Olonne et temps de course depuis le 9 novembre à 13 h 02:

| | |
|---|---|
| **1-DESJOYEAUX MICHEL** | 84 jours 03 h 09 min08 |
| **2-LE CLÉAC'H ARMEL** | 89 jours 09 h 39 min35 |
| **3-GUILLEMOT MARC** | 95 jours 03 h 19 min36 |
| **4-DAVIES SAMANTHA** | 95 jours 04 h 39 min01 |
| **5-THOMPSON BRIAN** | 98 jours 20 h 29 min55 |
| **6-CAFFARI DEE** | 99 jours 01 h 10 min57 |
| **7-BOISSIÈRES ARNAUD** | 105 jours 02 h 33 min50 |
| **8-WHITE STEVE** | 109 jours 00 h 36 min55 |
| **9-WILSON RICH** | 121 jours 00 h 41 min19 |
| **10-DINELLI RAPHAËL** | 125 jours 02 h 32 min24 |
| **11-SEDLACEK NORBERT** | 126 jours 05 h 31 min56 |

Carte des positions du 07/02/09 à 11 h 00 : Michel Desjoyeaux est déjà arrivé depuis six jours quand Armel Le Cléac'h s'adjuge la deuxième place, Marc Guillemot a judicieusement contourné les hautes pressions dans lesquelles Samantha Davies s'enfonce.

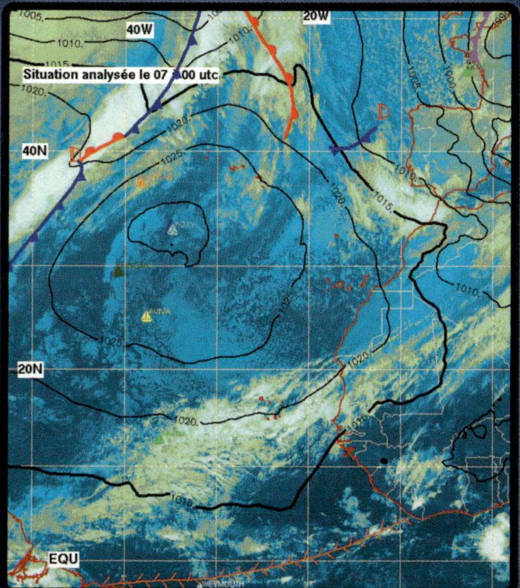


Image météo du 07/02/09 : les hautes pressions sont incroyablement étendues sur tout l'Atlantique Nord : le pot au noir est encore très proche de l'équateur, une zone orageuse couvre l'océan de la Guyane au Sénégal, les dépressions finissent leur travail de sape sur le golfe de Gascogne…

Arrivé un dimanche après-midi sous un rayon de soleil, Michel Desjoyeaux a été acclamé par une foule énorme aux Sables-d'Olonne.

En réponse à l'interrogation d'un journaliste, Mich' Desj a ressorti son petit papier de la vidéo du jour où il avait intégré le top 10.

La remontée du chenal des Sables-d'Olonne a pris près d'une heure, accompagnée par une multitude de bateaux et des centaines de milliers de supporters…

Michel a utilisé tous les fumigènes qu'il avait à bord pour illuminer sa remontée fantastique !

Même la plage des Sables-d'Olonne a été sollicitée pour féliciter le vainqueur de la sixième édition du Vendée Globe.

Toute l'équipe technique de *Foncia* s'est réunie à bord pour un hommage à la performance de Michel Desjoyeaux.

Le bizuth du Vendée Globe réalise un parcours exceptionnel fait de prudence et de motivation.

Les trois du cap Horn : après le sauvetage *in extremis* de Jean Le Cam, Vincent Riou et Armel Le Cléac'h se retrouvent sur le podium des Sables-d'Olonne.

Dans les frimas de cette première semaine de février, Armel Le Cléac'h joue les acrobates en bout de son outrigger…

Quel accueil pour la jeune Britannique ! Samantha Davies a retransmis avec passion et assiduité son premier tour du monde en solitaire.

Jean Le Cam, Kito de Pavant et Roland Jourdain au côté de Marc Guillemot.

Ici portée par Roland Jourdain et Armel Le Cléac'h, Sam a enthousiasmé le public pendant trois mois...

Rencontre entre Marc Guillemot et Yann Eliès : à l'arrivée du skipper de *Safran*, les deux marins se sont retrouvés avec bonheur.

Marc Guillemot a vécu l'un des Vendée Globe le plus étonnant, entre le sauvetage de Yann Eliès, ses arrêts dans les îles du Sud et la perte de sa quille…

À bord du plus puissant de tous les monocoques de cette sixième édition, Brian Thompson a démontré une nouvelle fois ses qualités de marin océanique.

Le grand Britannique n'a pas été épargné par les problèmes techniques tout au long des 28 000 milles de ce tour du monde.

*Bahrain Team Pindar* faisait figure d'épouvantail au départ des Sables-d'Olonne, mais Brian n'a pas eu beaucoup de temps pour le préparer en amont.

Dee Caffari en a surpris plus d'un par sa détermination et sa persévérance : elle est désormais la première et unique femme à avoir réalisé le tour du monde à la voile, en solitaire dans les deux sens !

Cali a bien survolé tous les pépins d'un tour du monde en solitaire : avec son ancien monocoque, il a longtemps tenu tête aux prototypes de la dernière génération.

Arnaud Boissières effectuait son premier tour du monde, une expérience unique qu'il renouvellera dans quatre ans !

Qui aurait misé sur Steve White au départ ? Malgré son manque de moyens et de préparation, le Britannique a fait un exceptionnel tour du monde…

Soutenu au dernier moment par *Toe in the Water* «un doigt dans l'eau», Steve White avait même hypothéqué sa maison pour prendre le départ… et arriver huitième !

Le doyen de cette édition du Vendée Globe a fait partager ses aventures à des millions d'Américains : Rich Wilson termine neuvième aux Sables-d'Olonne.

Au bout de son rêve, Raphaël Dinelli a parcouru plus de 28 000 milles.

L'Autrichien Norbert Sedlacek ferme la ligne d'arrivée à la onzième place après cent vingt-six jours de mer…

# Le Vendée Globe en chiffres

### L'ÂGE DU CAPITAINE

- **Le plus jeune participant :** Ellen MacArthur en 2000-2001 : elle avait 24 ans
- **Le plus âgé :** Jose de Ugarte en 1992-1993 : il avait 62 ans
- **Le plus jeune vainqueur du Vendée Globe :** Alain Gautier en 1993, il avait 30 ans
- **Le vainqueur le plus âgé :** Michel Desjoyeaux à 44 ans

### LES RECORDS DE PARTICIPATION

- **Marc Thiercelin :** 4e Vendée Globe dont deux classés (2e en 1996-1997 et 4e en 2000-2001).
- **Raphaël Dinelli :** 4e Vendée Globe dont un en « hors course » (1996-1997) et deux classé (2004-2005 et 2008-2009).

### LES ÉCARTS ENTRE LE VAINQUEUR ET SON DAUPHIN

- **1990 :** Titouan Lamazou avec 16 h 30' d'avance sur Loïck Peyron
- **1993 :** Alain Gautier avec 6 jours 12 h 40' d'avance sur Jean-Luc Van Den Heede
- **1997 :** Christophe Auguin avec 7 jours 11 h 50' d'avance sur Marc Thiercelin
- **2001 :** Michel Desjoyeaux avec 1 jour 00 h 50' d'avance sur Ellen Mac Arthur
- **2005 :** Vincent Riou avec 6 h 30' d'avance sur Jean Le Cam
- **2009 :** Michel Desjoyeaux avec 5 jours 06 h 30' sur Armel Le Cléac'h

### LES GRANDES CAVALCADES

**Les meilleures journées réalisées lors de chaque Vendée Globe**
**(Record du nombre de milles parcourus en 24 heures)**

- **1989 :** Titouan Lamazou avec 304 milles
- **1992 :** Alain Gautier avec 339 milles
- **1996 :** Yves Parlier avec 374 milles
- **2000 :** Dominique Wavre avec 430 milles
- **2004 :** Roland Jourdain avec 439 milles
- **2008 :** Michel Desjoyeaux avec 466,6 milles

***Nota :*** le record de distance parcourue en 24 h sur un 60 pieds open Imoca est toujours détenu par Alex Thomson, en solitaire comme en double :

- **En solitaire :** 468,72 milles/24 h, soit 19,53 nœuds de moyenne (2003)
- **En double (avec Andrew Cape) :** 501,9 milles/24 h, soit 20,91 nœuds de moyenne (2007)

### DU PLUS COURT AU PLUS LONG

- **Il a passé le moins de temps en mer :** Kito de Pavant, son *Groupe Bel* va démâter 28 heures après le départ du Vendée Globe 2008-2009.
- **Il a passé le plus de temps en mer :** Jean-François Coste en 1989-1990, qui boucle son Vendée Globe en 163 j 01 h et 19 min sur le ketch «*Cacharel*», plus connu sous le nom de *Pen Duick III*.

### VENUS D'AILLEURS

**Le nombre de concurrents étrangers au départ**

- **1989 :** 3 concurrents sur 13, soit 23 %, 4 nationalités au départ
- **1992 :** 7 concurrents sur 15, soit 47 %, 6 nationalités au départ
- **1996 :** 5 concurrents sur 16, soit 31 %, 5 nationalités au départ
- **2000 :** 11 concurrents sur 26, soit 42 %, 7 nationalités au départ
- **2004 :** 7 concurrents sur 20, soit 35 %, 5 nationalités au départ
- **2008 :** 13 concurrents sur 30, soit 43 %, 7 nationalités au départ

### DISTANCE ET VITESSE

**Distance effectivement parcourue et vitesse surface pour chacun des vainqueurs**

- **Titouan Lamazou :** 25 485 milles à 9,7 nœuds
- **Alain Gautier :** 25 315 milles à 9,58 nœuds
- **Christophe Auguin :** 26 520 milles à 10,44 nœuds
- **Michel Desjoyeaux :** 26 700 milles à 11,94 nœuds
- **Vincent Riou :** 26 714 milles à 12,73 nœuds
- **Michel Desjoyeaux :** 28 303 milles à 14,02 nœuds

### RECORDS DE VITESSE À BATTRE SUR LES PARTIELS AUTOUR DU MONDE

- **Des Sables-d'Olonne à l'équateur :** Jean Le Cam en 10 j 11 h 28' (Vendée Globe 2004-2005)
- **Des Sables-d'Olonne au cap de Bonne-Espérance :** Vincent Riou en 24 j 02 h 18' (Vendée Globe 2004-2005)
- **Des Sables-d'Olonne au cap Leeuwin :** Vincent Riou en 36 j 12 h 48' (Vendée Globe 2004-2005)
- **Des Sables-d'Olonne au cap Horn :** Michel Desjoyeaux en 56 j 15 h 08' (Vendée Globe 2008-2009)
- **Des Sables-d'Olonne à l'équateur :** Michel Desjoyeaux en 71 j 17 h 12' (Vendée Globe 2008-2009)
- **Des Sables-d'Olonne aux Sables-d'Olonne :** Michel Desjoyeaux en 84 j 03 h 09' 08" (12,30 nœuds de moyenne sur l'orthodromie) (Vendée Globe 2008-2009).

### LES RECORDS DE VITESSE À BATTRE SUR LA TRAVERSÉE DES 3 OCÉANS

- **Descente de l'Atlantique (Les Sables / cap des Aiguilles) :** *PRB* (Vendée Globe 2004-2005) en 24 j 07 h 20' (11,7 nœuds de moyenne). À noter que la moyenne de *Bonduelle* (Jean Le Cam) est très proche (11,6 nœuds).
- **Traversée de l'océan Indien (cap de Bonne-Espérance / cap Leeuwin) :** *Foncia* en 11 j 06 h 49' (Vendée Globe 2008-2009)
- **Traversée de l'océan Pacifique (cap Leeuwin / cap Horn) :** *Ecover* en 16j 06h (12,8 nœuds de moyenne) (Vendée Globe 2004-2005)
- **Remontée de l'Atlantique (cap Horn / Les Sables) :** Foncia en 27 jours 12 h 00' (Vendée Globe 2008-2009)

# Classement final du Vendée Globe 2008-2009

| Rang | Bateau | Nom | ARRIVÉE | | |
|---|---|---|---|---|---|
| | | | Passage ligne | Temps de calcul | Les Sables - Les Sables |
| 1 | FONCIA | DESJOYEAUX MICHEL | 01/02/2009 16:11:08 | 01/02/2009 16:11:08 | 84 jours 03 h 09 min 08 s |
| 2 | BRIT AIR | LE CLÉAC'H ARMEL | 07/02/2009 09:41:35 | 06/02/2009 22:41:35 | 89 jours 09 h 39 min 35 s |
| 3 | SAFRAN | GUILLEMOT MARC | 16/02/2009 02:21:36 | 12/02/2009 16:21:36 | 95 jours 03 h 19 min 36 s |
| RDG | PRB | RIOU VINCENT | Réparation donnée | --- | --- |
| 4 | ROXY | DAVIES SAMANTHA | 14/02/2009 01:41:01 | 12/02/2009 17:41:01 | 95 jours 04 h 39 min 01 s |
| 5 | BAHRAIN TEAM PINDAR | THOMPSON BRIAN | 16/02/2009 09:31:55 | 16/02/2009 09:31:55 | 98 jours 20 h 29 min 55 s |
| 6 | AVIVA | CAFFARI DEE | 16/02/2009 14:12:57 | 16/02/2009 14:12:57 | 99 jours 01 h 10 min 57 s |
| 7 | AKENA VÉRANDAS | BOISSIÈRES ARNAUD | 22/02/2009 15:35:50 | 22/02/2009 15:35:50 | 105 jours 02 h 33 min 50 s |
| 8 | TOE IN THE WATER | WHITE STEVE | 26/02/2009 13:38:55 | 26/02/2009 13:38:55 | 109 jours 00 h 36 min 55 s |
| 9 | GREAT AMERICAN III | WILSON RICH | 10/03/2009 13:43:19 | 10/03/2009 13:43:19 | 121 jours 00 h 41 min 19 s |
| 10 | FONDATION OCÉAN VITAL | DINELLI RAPHAËL | 14/03/2009 15:34:24 | 14/03/2009 15:34:24 | 125 jours 02 h 32 min 24 s |
| 11 | NAUTICSPORT-KAPSCH | SEDLACEK NORBERT | 15/03/2009 18:33:56 | 15/03/2009 18:33:56 | 126 jours 05 h 31 min 56 s |
| ABD | VEOLIA ENVIRONNEMENT | JOURDAIN ROLAND | abandon le 2/02/2009 | --- | --- |
| ABD | VM MATÉRIAUX | LE CAM JEAN | abandon le 6/01/2009 | --- | --- |
| ABD | ARTEMIS | MALBON JONNY | abandon le 4/01/2009 | --- | --- |
| ABD | PAPREC-VIRBAC 2 | DICK JEAN-PIERRE | abandon le 1/01/2009 | --- | --- |
| ABD | ALGIMOUSS SPIRIT OF CANADA | HATFIELD DEREK | abandon le 29/12/2008 | --- | --- |
| ABD | BT | JOSSE SÉBASTIEN | abandon le 29/12/2008 | --- | --- |
| ABD | GENERALI | ELIÈS YANN | abandon le 20/12/2008 | --- | --- |
| ABD | ECOVER | GOLDING MIKE | abandon le 16/12/2008 | --- | --- |
| ABD | MAISONNEUVE | DEJEANTY JEAN-BAPTISTE | abandon le 16/12/2008 | --- | --- |
| ABD | GITANA EIGHTY | PEYRON LOÏCK | abandon le 15/12/2008 | --- | --- |
| ABD | CHEMINÉES POUJOULAT | STAMM BERNARD | abandon le 14/12/2008 | --- | --- |
| ABD | TEMENOS II | WAVRE DOMINIQUE | abandon le 13/12/2008 | --- | --- |
| ABD | PAKEA BIZKAIA | BASURKO UNAÏ | abandon le 26/11/2008 | --- | --- |
| ABD | DELTA DORE | BEYOU JÉRÉMIE | abandon le 26/11/2008 | --- | --- |
| ABD | HUGO BOSS | THOMSON ALEX | abandon le 13/11/2008 | --- | --- |
| ABD | AQUARELLE.COM | BESTAVEN YANNICK | abandon le 11/11/2008 | --- | --- |
| ABD | DCNS | THIERCELIN MARC | abandon le 11/11/2008 | --- | --- |
| ABD | GROUPE BEL | DE PAVANT KITO | abandon le 11/11/2008 | --- | --- |

RDG = réparation donnée
ABD = abandon

# Les chronos aux points de passage
## (heures françaises)

| | DÉPART | ÉQUATEUR | | CAP DE BONNE-ÉSPERANCE | | CAP LEEUWIN | | ANTIMÉRIDIEN |
|---|---|---|---|---|---|---|---|---|
| Nom | | Passage | Les Sables Équateur | Passage | Les Sables Bonne-Espérance | Passage | Les Sables Leeuwin | Passage |
| BASURKO UNAÏ | 9/11/08 13:02 | 24/11/08 13:34 | 15 jours 00 h 32 min | --- | --- | --- | --- | --- |
| BESTAVEN YANNICK | 9/11/08 13:02 | --- | --- | --- | --- | --- | --- | --- |
| BEYOU JÉRÉMIE | 9/11/08 13:02 | 22/11/08 5:00 | 12 jours 15 h 58 min | --- | --- | --- | --- | --- |
| BOISSIÈRES ARNAUD | 9/11/08 13:02 | 23/11/08 11:40 | 13 jours 22 h 38 min | 8/12/2008 10:27 | 28 jours 21 h 25 min | 22/12/2008 2:10 | 42 jours 13 h 08 min | 30/12/2008 4:05 |
| CAFFARI DEE | 9/11/08 13:02 | 23/11/08 10:55 | 13 jours 21 h 53 min | 8/12/2008 8:45 | 28 jours 19 h 43 min | 21/12/2008 20:30 | 42 jours 07 h 28 min | 30/12/2008 4:00 |
| DAVIES SAMANTHA | 9/11/08 13:02 | 22/11/08 14:53 | 13 jours 01 h 51 min | 7/12/2008 18:30 | 28 jours 05 h 28 min | 19/12/2008 13:50 | 40 jours 00 h 48 min | 28/12/2008 0:45 |
| DE PAVANT KITO | 9/11/08 13:02 | --- | --- | --- | --- | --- | --- | --- |
| DEJEANTY JEAN-BAPTISTE | 9/11/08 13:02 | 28/11/08 6:00 | 18 jours 16 h 58 min | 10/12/2008 23:44 | 31 jours 10 h 42 min | --- | --- | --- |
| DESJOYEAUX MICHEL | 9/11/08 13:02 | 23/11/08 4:43 | 13 jours 15 h 41 min | 6/12/2008 13:36 | 27 jours 00 h 34 min | 16/12/2008 20:25 | 37 jours 07 h 23 min | 23/12/2008 12:35 |
| DICK JEAN-PIERRE | 9/11/08 13:02 | 22/11/08 0:00 | 12 jours 10 h 58 min | 6/12/2008 11:27 | 26 jours 22 h 25 min | 17/12/2008 13:20 | 38 jours 00 h 18 min | 26/12/2008 2:30 |
| DINELLI RAPHAËL | 9/11/08 13:02 | 25/11/08 4:15 | 15 jours 15 h 13 min | 13/12/2008 22:12 | 34 jours 09 h 10 min | 30/12/2008 22:45 | 51 jours 09 h 43 min | 11/1/2009 18:00 |
| ELIÈS YANN | 9/11/08 13:02 | 22/11/08 2:00 | 12 jours 12 h 58 min | 6/12/2008 9:50 | 26 jours 20 h 48 min | 17/12/2008 23:40 | 38 jours 10 h 38 min | --- |
| GOLDING MIKE | 9/11/08 13:02 | 22/11/08 2:52 | 12 jours 13 h 50 min | 6/12/2008 13:39 | 27 jours 00 h 37 min | --- | --- | --- |
| GUILLEMOT MARC | 9/11/08 13:02 | 22/11/08 17:01 | 13 jours 03 h 59 min | 6/12/2008 19:10 | 27 jours 06 h 08 min | 18/12/2008 0:30 | 38 jours 11 h 28 min | 29/12/2008 11:15 |
| HATFIELD DEREK | 9/11/08 13:02 | 27/11/08 22:42 | 18 jours 09 h 40 min | 11/12/2008 22:40 | 32 jours 09 h 38 min | 26/12/2008 23:30 | 47 jours 10 h 28 min | --- |
| JOSSE SÉBASTIEN | 9/11/08 13:02 | 21/11/08 23:45 | 12 jours 10 h 43 min | 6/12/2008 8:40 | 26 jours 19 h 38 min | 16/12/2008 23:00 | 37 jours 09 h 58 min | 23/12/2008 22:00 |
| JOURDAIN ROLAND | 9/11/08 13:02 | 22/11/08 2:08 | 12 jours 13 h 06 min | 6/12/2008 11:50 | 26 jours 22 h 48 min | 16/12/2008 21:15 | 37 jours 08 h 13 min | 23/12/2008 16:30 |
| LE CAM JEAN | 9/11/08 13:02 | 22/11/08 6:45 | 12 jours 17 h 43 min | 6/12/2008 12:28 | 26 jours 23 h 26 min | 17/12/2008 1:37 | 37 jours 12 h 35 min | 23/12/2008 22:30 |
| LE CLÉAC'H ARMEL | 9/11/08 13:02 | 22/11/08 1:56 | 12 jours 12 h 54 min | 6/12/2008 13:14 | 27 jours 00 h 12 min | 17/12/2008 17:40 | 38 jours 04 h 38 min | 24/12/2008 12:50 |
| MALBON JONNY | 9/11/08 13:02 | 24/11/08 19:44 | 15 jours 06 h 42 min | 9/12/2008 5:28 | 29 jours 16 h 26 min | 25/12/2008 20:30 | 46 jours 07 h 28 min | --- |
| PEYRON LOÏCK | 9/11/08 13:02 | 21/11/08 22:00 | 12 jours 08 h 58 min | 6/12/2008 10:28 | 26 jours 21 h 26 min | --- | --- | --- |
| RIOU VINCENT | 9/11/08 13:02 | 22/11/08 1:30 | 12 jours 12 h 28 min | 6/12/2008 13:46 | 27 jours 00 h 44 min | 17/12/2008 19:15 | 38 jours 06 h 13 min | 24/12/2008 14:00 |
| SEDLACEK NORBERT | 9/11/08 13:02 | 27/11/08 3:20 | 17 jours 14 h 18 min | 14/12/2008 6:35 | 34 jours 17 h 33 min | 30/12/2008 20:40 | 51 jours 07 h 38 min | 10/1/2009 11:30 |
| STAMM BERNARD | 9/11/08 13:02 | 25/11/08 17:35 | 16 jours 04 h 33 min | 7/12/2008 22:25 | 28 jours 09 h 23 min | --- | --- | --- |
| THIERCELIN MARC | 9/11/08 13:02 | --- | --- | --- | --- | --- | --- | --- |
| THOMSON ALEX | 9/11/08 13:02 | --- | --- | --- | --- | --- | --- | --- |
| THOMPSON BRIAN | 9/11/08 13:02 | 22/11/08 11:25 | 12 jours 22 h 23 min | 7/12/2008 12:35 | 27 jours 23 h 33 min | 20/12/2008 5:05 | 40 jours 16 h 03 min | 29/12/2008 22:30 |
| WAVRE DOMINIQUE | 9/11/08 13:02 | 22/11/08 13:15 | 13 jours 00 h 13 min | 6/12/2008 20:40 | 27 jours 07 h 38 min | --- | --- | --- |
| WHITE STEVE | 9/11/08 13:02 | 24/11/08 4:49 | 14 jours 15 h 47 min | 8/12/2008 19:49 | 29 jours 06 h 47 min | 23/12/2008 20:35 | 44 jours 07 h 33 min | 2/1/2009 0:00 |
| WILSON RICH | 9/11/08 13:02 | 25/11/08 3:30 | 15 jours 14 h 28 min | 10/12/2008 6:00 | 30 jours 16 h 58 min | 26/12/2008 9:15 | 46 jours 20 h 13 min | 5/1/2009 14:00 |

| ANTIMÉRIDIEN | CAP HORN | | ÉQUATEUR ↗ | | ARRIVÉE | | |
|---|---|---|---|---|---|---|---|
| Les Sables Antiméridien | Passage | Les Sables Horn | Passage | Les Sables Équateur | PASSAGE LIGNE | Temps de calcul | Les Sables Les Sables |
| --- | --- | --- | --- | --- | | --- | --- |
| --- | --- | --- | --- | --- | | --- | --- |
| --- | --- | --- | --- | --- | | --- | --- |
| 50 jours 15 h 03 min | 16/1/2009 0:30 | 67 jours 11 h 28 min | 3/2/2009 19:43 | 86 jours 06 h 41 min | 22/02/2009 15:35:50 | 22/02/2009 15:35:50 | 105 jours 02 h 33 min 50 s |
| 50 jours 14 h 58 min | 16/1/2009 11:15 | 67 jours 22 h 13 min | 1/2/2009 12:10 | 83 jours 23 h 08 min | 16/02/2009 14:12:57 | 16/02/2009 14:12:57 | 99 jours 01 h 10 min 57 s |
| 48 jours 11 h 43 min | 11/1/2009 10:20 | 62 jours 21 h 18 min | 29/1/2009 15:30 | 81 jours 02 h 28 min | 14/02/2009 01:41:01 | 12/02/2009 17:41:01 | 95 jours 04 h 39 min 01 s |
| --- | --- | --- | --- | --- | | --- | --- |
| --- | --- | --- | --- | --- | | --- | --- |
| 43 jours 23 h 33 min | 5/1/2009 4:10 | 56 jours 15 h 08 min | 20/1/2009 6:14 | 71 jours 17 h 12 min | 01/02/2009 16:11:08 | 01/02/2009 16:11:08 | 84 jours 03 h 09 min 08 s |
| 46 jours 13 h 28 min | --- | --- | --- | --- | | --- | --- |
| 63 jours 04 h 58 min | 2/2/2009 13:50 | 85 jours 00 h 48 min | 21/2/2009 21:45 | 104 jours 08 h 43 min | 14/03/2009 15:34:24 | 14/03/2009 15:34:24 | 125 jours 02 h 32 min 24 s |
| --- | --- | --- | --- | --- | | --- | --- |
| --- | --- | --- | --- | --- | | --- | --- |
| 49 jours 22 h 13 min | 12/1/2009 8:30 | 63 jours 19 h 28 min | 30/1/2009 1:15 | 81 jours 12 h 13 min | 16/02/02009 02:21:36 | 12/02/2009 16:21:36 | 95 jours 03 h 19 min 36 s |
| --- | --- | --- | --- | --- | | --- | --- |
| 44 jours 08 h 58 min | --- | --- | --- | --- | | --- | --- |
| 44 jours 03 h 28 min | 5/1/2009 13:00 | 56 jours 23 h 58 min | 22/1/2009 9:30 | 73 jours 20 h 28 min | | --- | --- |
| 44 jours 09 h 28 min | --- | --- | --- | --- | | --- | --- |
| 44 jours 23 h 48 min | 7/1/2009 11:45 | 58 jours 22 h 43 min | 24/1/2009 19:45 | 76 jours 06 h 43 min | 07/02/2009 09:41:35 | 06/02/2009 22:41:35 | 89 jours 09 h 39 min 35 s |
| --- | --- | --- | --- | --- | | --- | --- |
| --- | --- | --- | --- | --- | | --- | --- |
| 45 jours 00 h 58 min | 7/1/2009 19:15 | 59 jours 06 h 13 min | --- | --- | | --- | --- |
| 61 jours 22 h 28 min | 4/2/2009 15:07 | 87 jours 02 h 05 min | 26/2/2009 2:30 | 108 jours 13 h 28 min | 15/03/2009 18:33:56 | 15/03/2009 18:33:56 | 126 jours 05 h 31 min 56 s |
| --- | --- | --- | --- | --- | | --- | --- |
| --- | --- | --- | --- | --- | | --- | --- |
| --- | --- | --- | --- | --- | | --- | --- |
| 50 jours 09 h 28 min | 15/1/2009 4:15 | 66 jours 15 h 13 min | 31/1/2009 1:20 | 82 jours 12 h 18 min | 16/02/2009 09:31:55 | 16/02/2009 09:31:55 | 98 jours 20 h 29 min 55 s |
| --- | --- | --- | --- | --- | | --- | --- |
| 53 jours 10 h 58 min | 19/1/2009 21:20 | 71 jours 08 h 18 min | 8/2/2009 4:25 | 90 jours 15 h 23 min | 26/02/2009 13:38:55 | 26/02/2009 13:38:55 | 109 jours 00 h 36 min 55 s |
| 57 jours 00 h 58 min | 26/1/2009 14:50 | 78 jours 01 h 48 min | 16/2/2009 1:10 | 98 jours 12 h 08 min | 10/03/2009 13:43:19 | 10/03/2009 13:43:19 | 121 jours 00 h 41 min 19 s |

bonification de 32 H

bonification de 82 H

bonification de 11 H

# Les classements aux points de passage
## (heures françaises)

| 1 | | ÉQUATEUR | |
|---|---|---|---|
| Rg | Nom | Passage | Les Sables-Équateur |
| 1 | PEYRON LOÏCK | 21/11/08 22:00 | 12 jours 08 h 58 min |
| 2 | JOSSE SÉBASTIEN | 21/11/08 23:45 | 12 jours 10 h 43 min |
| 3 | DICK JEAN-PIERRE | 22/11/08 0:00 | 12 jours 10 h 58 min |
| 4 | RIOU VINCENT | 22/11/08 1:30 | 12 jours 12 h 28 min |
| 5 | LE CLÉAC'H ARMEL | 22/11/08 1:56 | 12 jours 12 h 54 min |
| 6 | ELIÈS YANN | 22/11/08 2:00 | 12 jours 12 h 58 min |
| 7 | JOURDAIN ROLAND | 22/11/08 2:08 | 12 jours 13 h 06 min |
| 8 | GOLDING MIKE | 22/11/08 2:52 | 12 jours 13 h 50 min |
| 9 | BEYOU JÉRÉMIE | 22/11/08 5:00 | 12 jours 15 h 58 min |
| 10 | LE CAM JEAN | 22/11/08 6:45 | 12 jours 17 h 43 min |
| 11 | THOMPSON BRIAN | 22/11/08 11:25 | 12 jours 22 h 23 min |
| 12 | WAVRE DOMINIQUE | 22/11/08 13:15 | 13 jours 00 h 13 min |
| 13 | DAVIES SAMANTHA | 22/11/08 14:53 | 13 jours 01 h 51 min |
| 14 | GUILLEMOT MARC | 22/11/08 17:01 | 13 jours 03 h 59 min |
| 15 | DESJOYEAUX MICHEL | 23/11/08 4:43 | 13 jours 15 h 41 min |
| 16 | CAFFARI DEE | 23/11/08 10:55 | 13 jours 21 h 53 min |
| 17 | BOISSIÈRES ARNAUD | 23/11/08 11:40 | 13 jours 22 h 38 min |
| 18 | WHITE STEVE | 24/11/08 4:49 | 14 jours 15 h 47 min |
| 19 | BASURKO UNAÏ | 24/11/08 13:34 | 15 jours 00 h 32 min |
| 20 | MALBON JONNY | 24/11/08 19:44 | 15 jours 06 h 42 min |
| 21 | WILSON RICH | 25/11/08 3:30 | 15 jours 14 h 28 min |
| 22 | DINELLI RAPHAËL | 25/11/08 4:15 | 15 jours 15 h 13 min |
| 23 | STAMM BERNARD | 25/11/08 17:35 | 16 jours 04 h 33 min |
| 24 | SEDLACEK NORBERT | 27/11/08 3:20 | 17 jours 14 h 18 min |
| 25 | HATFIELD DEREK | 27/11/08 22:42 | 18 jours 09 h 40 min |
| 26 | DEJEANTY JEAN-BAPTISTE | 28/11/08 6:00 | 18 jours 16 h 58 min |

| 2 | | CAP BONNE-ESPERANCE | |
|---|---|---|---|
| Rg | Nom | Passage | Les Sables / Bonne-Espérance |
| 1 | JOSSE SÉBASTIEN | 6/12/2008 8:40 | 26 jours 19 h 38 min |
| 2 | ELIÈS YANN | 6/12/2008 9:50 | 26 jours 20 h 48 min |
| 3 | PEYRON LOÏCK | 6/12/2008 10:28 | 26 jours 21 h 26 min |
| 4 | DICK JEAN-PIERRE | 6/12/2008 11:27 | 26 jours 22 h 25 min |
| 5 | JOURDAIN ROLAND | 6/12/2008 11:50 | 26 jours 22 h 48 min |
| 6 | LE CAM JEAN | 6/12/2008 12:28 | 26 jours 23 h 26 min |
| 7 | LE CLÉAC'H ARMEL | 6/12/2008 13:14 | 27 jours 00 h 12 min |
| 8 | DESJOYEAUX MICHEL | 6/12/2008 13:36 | 27 jours 00 h 34 min |
| 9 | GOLDING MIKE | 6/12/2008 13:39 | 27 jours 00 h 37 min |
| 10 | RIOU VINCENT | 6/12/2008 13:46 | 27 jours 00 h 44 min |
| 11 | GUILLEMOT MARC | 6/12/2008 19:10 | 27 jours 06 h 08 min |
| 12 | WAVRE DOMINIQUE | 6/12/2008 20:40 | 27 jours 07 h 38 min |
| 13 | THOMPSON BRIAN | 7/12/2008 12:35 | 27 jours 23 h 33 min |
| 14 | DAVIES SAMANTHA | 7/12/2008 18:30 | 28 jours 05 h 28 min |
| 15 | STAMM BERNARD | 7/12/2008 22:25 | 28 jours 09 h 23 min |
| 16 | CAFFARI DEE | 8/12/2008 8:45 | 28 jours 19 h 43 min |
| 17 | BOISSIÈRES ARNAUD | 8/12/2008 10:27 | 28 jours 21 h 25 min |
| 18 | WHITE STEVE | 8/12/2008 19:49 | 29 jours 06 h 47 min |
| 19 | MALBON JONNY | 9/12/2008 5:28 | 29 jours 16 h 26 min |
| 20 | WILSON RICH | 10/12/2008 6:00 | 30 jours 16 h 58 min |
| 21 | DEJEANTY JEAN-BAPTISTE | 10/12/2008 23:44 | 31 jours 10 h 42 min |
| 22 | HATFIELD DEREK | 11/12/2008 22:40 | 32 jours 09 h 38 min |
| 23 | DINELLI RAPHAËL | 13/12/2008 22:12 | 34 jours 09 h 10 min |
| 24 | SEDLACEK NORBERT | 14/12/2008 6:35 | 34 jours 17 h 33 min |

| 3 | | CAP LEEUWIN | |
|---|---|---|---|
| Rg | Nom | Passage | Les Sables / Leeuwin |
| 1 | DESJOYEAUX MICHEL | 16/12/2008 20:25 | 37 jours 07 h 23 min |
| 2 | JOURDAIN ROLAND | 16/12/2008 21:15 | 37 jours 08 h 13 min |
| 3 | JOSSE SÉBASTIEN | 16/12/2008 23:00 | 37 jours 09 h 58 min |
| 4 | LE CAM JEAN | 17/12/2008 1:37 | 37 jours 12 h 35 min |
| 5 | DICK JEAN-PIERRE | 17/12/2008 13:20 | 38 jours 00 h 18 min |
| 6 | LE CLÉAC'H ARMEL | 17/12/2008 17:40 | 38 jours 04 h 38 min |
| 7 | RIOU VINCENT | 17/12/2008 19:15 | 38 jours 06 h 13 min |
| 8 | ELIÈS YANN | 17/12/2008 23:40 | 38 jours 10 h 38 min |
| 9 | GUILLEMOT MARC | 18/12/2008 0:30 | 38 jours 11 h 28 min |
| 10 | DAVIES SAMANTHA | 19/12/2008 13:50 | 40 jours 00 h 48 min |
| 11 | THOMPSON BRIAN | 20/12/2008 5:05 | 40 jours 16 h 03 min |
| 12 | CAFFARI DEE | 21/12/2008 20:30 | 42 jours 07 h 28 min |
| 13 | BOISSIÈRES ARNAUD | 22/12/2008 2:10 | 42 jours 13 h 08 min |
| 14 | WHITE STEVE | 23/12/2008 20:35 | 44 jours 07 h 33 min |
| 15 | MALBON JONNY | 25/12/2008 20:30 | 46 jours 07 h 28 min |
| 16 | WILSON RICH | 26/12/2008 9:15 | 46 jours 20 h 13 min |
| 17 | HATFIELD DEREK | 26/12/2008 23:30 | 47 jours 10 h 28 min |
| 18 | SEDLACEK NORBERT | 30/12/2008 20:40 | 51 jours 07 h 38 min |
| 19 | DINELLI RAPHAËL | 30/12/2008 22:45 | 51 jours 09 h 43 min |

| 4 | | ANTIMÉRIDIEN | |
|---|---|---|---|
| Rg | Nom | Passage | Les Sables / Antiméridien |
| 1 | DESJOYEAUX MICHEL | 23/12/2008 12:35 | 43 jours 23 h 33 min |
| 2 | JOURDAIN ROLAND | 23/12/2008 16:30 | 44 jours 03 h 28 min |
| 3 | JOSSE SÉBASTIEN | 23/12/2008 22:00 | 44 jours 08 h 58 min |
| 4 | LE CAM JEAN | 23/12/2008 22:30 | 44 jours 09 h 28 min |
| 5 | LE CLÉAC'H ARMEL | 24/12/2008 12:50 | 44 jours 23 h 48 min |
| 6 | RIOU VINCENT | 24/12/2008 14:00 | 45 jours 00 h 58 min |
| 7 | DICK JEAN-PIERRE | 26/12/2008 2:30 | 46 jours 13 h 28 min |
| 8 | DAVIES SAMANTHA | 28/12/2008 0:45 | 48 jours 11 h 43 min |
| 9 | GUILLEMOT MARC | 29/12/2008 11:15 | 49 jours 22 h 13 min |
| 10 | THOMPSON BRIAN | 29/12/2008 22:30 | 50 jours 09 h 28 min |
| 11 | CAFFARI DEE | 30/12/2008 4:00 | 50 jours 14 h 58 min |
| 12 | BOISSIÈRES ARNAUD | 30/12/2008 4:05 | 50 jours 15 h 03 min |
| 13 | WHITE STEVE | 2/1/2009 0:00 | 53 jours 10 h 58 min |
| 14 | WILSON RICH | 5/1/2009 14:00 | 57 jours 00 h 58 min |
| 15 | SEDLACEK NORBERT | 10/1/2009 11:30 | 61 jours 22 h 28 min |
| 16 | DINELLI RAPHAËL | 11/1/2009 18:00 | 63 jours 04 h 58 min |

| 5 | | CAP HORN | |
|---|---|---|---|
| Rg | Nom | Passage | Les Sables / cap Horn |
| 1 | DESJOYEAUX MICHEL | 5/01/2009 4:10 | 56 jours 15 h 08 min |
| 2 | JOURDAIN ROLAND | 5/01/2009 13:00 | 56 jours 23 h 58 min |
| 3 | LE CLÉAC'H ARMEL | 7/01/2009 11:45 | 58 jours 22 h 43 min |
| 4 | RIOU VINCENT | 7/01/2009 19:15 | 59 jours 06 h 13 min |
| 5 | DAVIES SAMANTHA | 11/01/2009 10:20 | 62 jours 21 h 18 min |
| 6 | GUILLEMOT MARC | 12/01/2009 8:30 | 63 jours 19 h 28 min |
| 7 | THOMPSON BRIAN | 15/01/2009 4:15 | 66 jours 15 h 13 min |
| 8 | BOISSIÈRES ARNAUD | 16/01/2009 0:30 | 67 jours 11 h 28 min |
| 9 | CAFFARI DEE | 16/01/2009 11:15 | 67 jours 22 h 13 min |
| 10 | WHITE STEVE | 19/01/2009 21:20 | 71 jours 08 h 18 min |
| 11 | WILSON RICH | 26/01/2009 14:50 | 78 jours 01 h 48 min |
| 12 | DINELLI RAPHAËL | 2/02/2009 13:50 | 85 jours 00 h 48 min |
| 13 | SEDLACEK NORBERT | 4/02/2009 15:07 | 87 jours 02 h 05 min |

| 6 | | ÉQUATEUR | |
|---|---|---|---|
| Rg | Nom | Passage | Les Sables / Équateur retour |
| 1 | DESJOYEAUX MICHEL | 20/01/2009 6:14 | 71 jours 17 h 12 min |
| 2 | JOURDAIN ROLAND | 22/01/2009 9:30 | 73 jours 20 h 28 min |
| 3 | LE CLÉAC'H ARMEL | 24/01/2009 19:45 | 76 jours 06 h 43 min |
| 4 | DAVIES SAMANTHA | 29/01/2009 15:30 | 81 jours 02 h 28 min |
| 5 | GUILLEMOT MARC | 30/01/2009 1:15 | 81 jours 12 h 13 min |
| 6 | THOMPSON BRIAN | 31/01/2009 1:20 | 82 jours 12 h 18 min |
| 7 | CAFFARI DEE | 1/02/2009 12:10 | 83 jours 23 h 08 min |
| 8 | BOISSIÈRES ARNAUD | 3/02/2009 19:43 | 86 jours 06 h 41 min |
| 9 | WHITE STEVE | 2/02/2009 4:25 | 90 jours 15 h 23 min |
| 10 | WILSON RICH | 16/02/2009 1:10 | 98 jours 12 h 08 min |
| 11 | DINELLI RAPHAËL | 21/02/2009 21:45 | 104 jours 08 h 43 min |
| 12 | SEDLACEK NORBERT | 26/02/2009 2:30 | 108 jours 13 h 28 min |

© J-B Épron / *Foncia*

1 **LA QUILLE :** inventée en 1991 par Michel sur la Mini-Transat, la quille orientable équipe dorénavant tous les monocoques 60 pieds de dernière génération. Elle s'actionne via un vérin hydraulique et peut être angulée de 40° de chaque côté. C'est elle qui permet au bateau de se redresser en cas de retournement.

2 **LES SAFRANS :** profonds et effilés, ils permettent de diriger le bateau et se relèvent en cas de choc ou pour diminuer leur traînée. Ils sont actionnés soit par le barreur, soit par le pilote automatique.

3 **LES DÉRIVES :** plan antidérive, les deux dérives latérales sont manœuvrables depuis le cockpit.

4 **LES CLOISONS :** plusieurs cloisons séparent le bateau en compartiments étanches avec trappes d'accès (soute à voiles…). permettent d'éviter que l'eau, en cas de collision avec un objet, envahisse l'intégralité du bateau.

5 **RAIL :** rail circulaire d'écoute de grand-voile pour en maîtriser les réglages et le contrôle.

6 **GRAND-VOILE :** voile principale du bateau, équipée de trois bandes de ris pour en diminuer la surface en cas de mauvais temps.

7 **MOULIN À CAFÉ :** placé au centre du cockpit, le moulin à café sert à actionner les quatre winches servant à hisser et à régler les voiles.

8 **CASQUETTE DE COCKPIT :** une casquette coulisse sur le rouf en cas de mauvais temps pour protéger le skipper et vient couvrir la partie du cockpit où est centralisé l'ensemble des manœuvres.

9 **OUTRIGGERS :** mât-aile présentant deux outriggers (barres de flèche sur le pont) favorisant l'aérodynamisme et les manœuvres en solitaire.

10 **CELLULE DE VIE :** siège moulé amovible perché sur deux bras en carbone avec écrans d'ordinateur à portée de main. Bannette pour se reposer de chaque côté.

**CARACTÉRISTIQUES TECHNIQUES**

**ARCHITECTE :** Farr Yacht Design
**CONSTRUCTEUR :** CDK Technologies
**LONGUEUR :** 60 pieds, soit 18,28 m
**LARGEUR :** 5,85 m
**DÉPLACEMENT :** 8 500 kg
**SURFACE VOILES AU PRÈS :** 300 m²
**SURFACE VOILES AU PORTANT :** 620 m²
**SURFACE SPINNAKER :** 440 m²
**N° DE VOILE :** 101

**AKENA VÉRANDAS / Arnaud BOISSIÈRES**

- **Architecte :** Finot-Conq
- **Chantier :** Kirié
- **Date de lancement :** 1998
- **Noms précédents du bateau et skippers précédents :** Raphaël Dinelli Armel Le Cléac'h - Sébastien Josse (***VMI***) - Thomas Coville (*Sodebo*)
- **Longueur :** 18,28 m
- **Largeur :** 5,80 m
- **Tirant d'eau :** 4,50 m
- **Déplacement (poids) :** 8 070 kg
- **Nombre de dérives :** 1
- **Hauteur mât :** 27 m
- **Voile quille :** carbone
- **Surface de voiles au près :** 271 m²
- **Surface de voiles au portant :** 617 m²

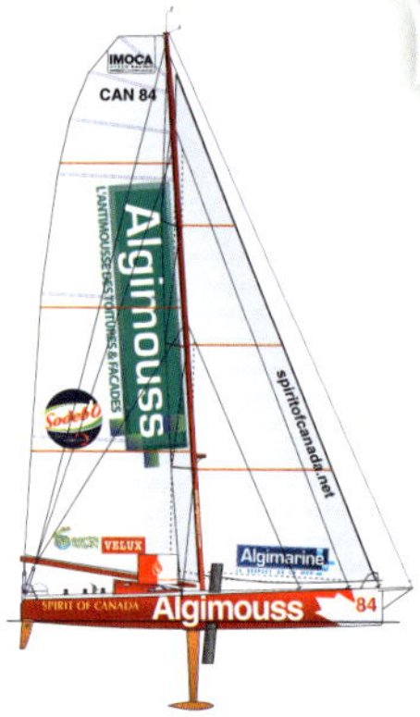


**ALGIMOUSS SPIRIT OF CANADA / Derek HATFIELD**

- **Architecte :** Owen Clarke Design
- **Chantier :** Ocean Challenges
- **Date de lancement :** mai 2007
- **Longueur :** 18,28 m
- **Largeur :** 5,50 m
- **Tirant d'eau :** 4,50 m
- **Déplacement (poids) :** 8 800 kg
- **Nombre de dérives :** 2
- **Hauteur mât :** 27,50 m
- **Voile quille :** acier
- **Surface de voiles au près :** 310 m²
- **Surface de voiles au portant :** 500 m²

**AQUARELLE.COM / Yannick BESTAVEN**

- **Architecte :** Finot-Conq
- **Chantier :** Thierry Eluère
- **Date de lancement :** 1996
- **Nom précédent du bateau et skipper précédent :** Yves Parlier (*Aquitaine Innovations*)
- **Longueur :** 18,28 m
- **Largeur :** 5,85 m
- **Tirant d'eau :** 4,50 m
- **Déplacement (poids) :** 8 000 kg
- **Hauteur mât :** 26,50 m
- **Voile de quille :** carbone
- **Surface de voiles au près :** 284 m²
- **Surface de voiles au portant :** 560 m²

**ARTEMIS / Jonny MALBON**

- **Architecte :** Rogers Yacht Design Ltd
- **Chantier :** Hutton Custom Boatbuilders
- **Date de lancement :** avril 2008
- **Longueur :** 18,28 m
- **Largeur :** 6 m
- **Tirant d'eau :** 4,50 m
- **Déplacement (poids) :** 8 800 kg
- **Nombre de dérives :** 2
- **Hauteur mât :** 28 m
- **Surface de voiles au près :** 350 m²
- **Surface de voiles au portant :** 600 m²

**AVIVA / Dee CAFFARI**

- **Architecte :** Owen Clarke Design
- **Chantier :** Hakes Marine (Wellington, Nouvelle-Zélande)
- **Date de lancement :** janvier 2008
- **Longueur :** 18,28 m
- **Largeur :** 5,80 m
- **Tirant d'eau :** 4,50 m
- **Déplacement (poids) :** 8 300 kg
- **Hauteur mât :** 27 m
- **Voile quille :** acier
- **Surface de voiles au près :** 300 m²
- **Surface de voiles au portant :** 580 m²

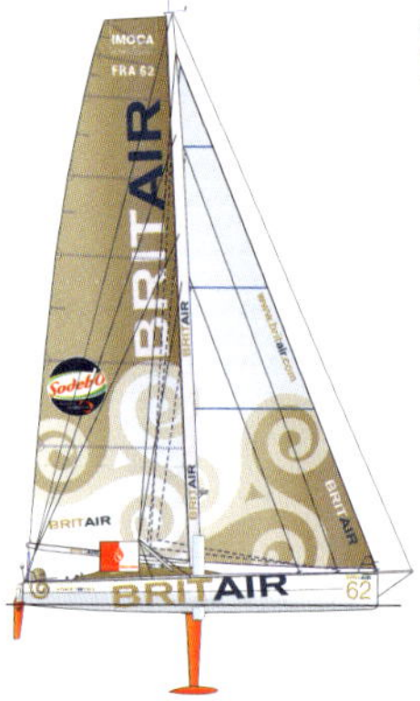


**BRIT AIR / Armel LE CLÉAC'H**

- **Architecte :** Finot-Conq
- **Chantier :** Multiplast
- **Date de lancement :** juillet 2007
- **Longueur :** 18,28 m
- **Largeur :** 5,90 m
- **Tirant d'eau :** 4,50 m
- **Déplacement (poids) :** 9 000 kg
- **Nombre de dérives :** 2
- **Voile quille :** carbone
- **Surface de voiles au près :** 290 m²
- **Surface de voiles au portant :** 580 m²

**BT / Sébastien JOSSE**

- **Architecte :** Bruce Farr Yacht Design, Annapolis, États-Unis
- **Chantier :** Offshore Challenges Sailing Team, Cowes, Royaume-Uni
- **Date de lancement :** juillet 2007
- **Nom précédent du bateau :** *Estrella Damm*
- **Longueur :** 18,28 m
- **Largeur :** 5,85 m
- **Tirant d'eau :** 4,50 m
- **Déplacement (poids) :** 8400 kg
- **Nombre de dérives :** 2
- **Hauteur mât :** 27,50 m
- **Voile quille :** acier
- **Surface de voiles au près :** 310 m²
- **Surface de voiles au portant :** 590 m²

**CHEMINÉES POUJOULAT / Bernard STAMM**

- **Architecte :** Bruce Farr Yacht Design
- **Chantier :** Cookson Boats (Nouvelle-Zélande)
- **Date de lancement :** avril 2003
- **Nom précédent du bateau et skipper précédent :** *Virbac-Paprec* (Jean-Pierre Dick)
- **Longueur :** 18,28 m
- **Largeur :** 5,50 m
- **Tirant d'eau :** 4,50 m
- **Déplacement (poids) :** +/- 9 000 kg
- **Hauteur mât :** 27,30 m
- **Voile quille :** acier
- **Surface de voiles au près :** 317 m²
- **Surface de voiles au portant :** 615 m²

***DCNS* / Marc THIERCELIN**

- **Architecte :** Finot-Conq
- **Chantier :** Multiplast (coque et intégration), Chantier naval de Larros (pont)
- **Date de lancement :** mai 2008
- **Longueur :** 18,28 m
- **Largeur :** 5,85 m
- **Tirant d'eau :** 4,50 m
- **Déplacement (poids) :** 8 500 kg
- **Nombre de dérives :** 2
- **Hauteur mât :** 28 m
- **Voile quille :** acier
- **Surface de voiles au près :** 350 m²
- **Surface de voiles au portant :** 620 m²

***DELTA DORE* / Jérémie BEYOU**

- **Architecte :** Bruce Farr Yacht Design
- **Chantier :** JMV Industries
- **Date de lancement :** septembre 2006
- **Longueur :** 18,28 m
- **Largeur :** 5,75 m
- **Tirant d'eau :** 4,50 m
- **Déplacement (poids) :** 8 500 kg
- **Nombre de dérives :** 2
- **Hauteur mât :** 28 m
- **Surface de voiles au près :** 300 m²
- **Surface de voiles au portant :** 620 m²

***ECOVER 3* / Mike GOLDING**

- **Architecte :** Owen Clarke Design
- **Chantier :** Hakes Marine Construction (Wellington, Nouvelle-Zélande)
- **Date de lancement :** août 2007
- **Longueur :** 18,28 m
- **Largeur :** 5,80 m
- **Tirant d'eau :** 4,50 m
- **Déplacement (poids) :** 8 300 kg
- **Nombre de dérives :** 2
- **Hauteur mât :** 27 m
- **Voile quille (carbone ou acier) :** carbone
- **Surface de voiles au près :** 300 m²
- **Surface de voiles au portant :** 580 m²

***FONCIA* / Michel DESJOYEAUX**

- **Architecte :** Bruce Farr Yacht Design
- **Chantier :** CDK Technologies
- **Date de lancement :** mai 2007
- **Longueur :** 18,28 m
- **Largeur :** 5,85 m
- **Tirant d'eau :** 4,50 m
- **Déplacement (poids) :** 8 500 kg
- **Nombre de dérives :** 2
- **Hauteur mât :** 28 m
- **Voile quille :** acier
- **Surface de voiles au près :** 300 m²
- **Surface de voiles au portant :** 600 m²

***GENERALI* / Yann ELIÈS**

- **Architecte :** Finot-Conq
- **Chantier :** Multiplast
- **Date de lancement :** avril 2007
- **Longueur :** 18,28 m
- **Largeur :** 5,90 m
- **Tirant d'eau :** 4,50 m
- **Déplacement (poids) :** 8 300 kg
- **Nombre de dérives :** 2
- **Voile quille :** carbone
- **Surface de voiles au près :** 310 m²
- **Surface de voiles au portant :** 585 m²

***GITANA EIGHTY* / Loïck PEYRON**

- **Architecte :** Bruce Farr Yacht Design
- **Chantier / Constructeur :** Southern Ocean Marine (Nouvelle-Zélande)
- **Date de lancement :** juillet 2007
- **Longueur :** 18,28 m
- **Largeur :** 5,80 m
- **Tirant d'eau :** 4,50 m
- **Déplacement (poids) :** 8 700 kg
- **Nombre de dérives :** 2
- **Hauteur mât :** 29 m
- **Voile quille :** acier
- **Surface de voiles au portant :** 600 m²

***GREAT AMERICAN III* / Rich WILSON**

- **Architecte :** Nivelt
- **Chantier :** Thierry Dubois et son équipe
- **Date de lancement :** 1999
- **Nom précédent du bateau précédents :** *Solidaires, VM Matériaux*
- **Longueur :** 18,28 m
- **Largeur :** 5,20 m
- **Tirant d'eau :** 4,50 m
- **Déplacement (poids) :** 8 500 kg
- **Nombre de dérives :** 1
- **Hauteur mât :** 26 m
- **Voile quille :** acier
- **Surface de voiles au près :** 232 m²
- **Surface de voiles au portant :** 418 m²

***GROUPE BEL* / Kito DE PAVANT**

- **Architectes :** VPLP-Verdier
- **Chantier :** Indiana Yachting (Italie)
- **Date de lancement :** septembre 2007
- **Longueur :** 18,28 m
- **Largeur :** 5,50 m
- **Tirant d'eau :** 5,50 m
- **Déplacement (poids) :** 8 000 kg
- **Nombre de dérives :** 2
- **Hauteur mât :** 27 m
- **Voile quille :** carbone
- **Surface de voiles au près :** 310 m²
- **Surface de voiles au portant :** 570 m²

Illustrations : © François Chevalier

***HUGO BOSS*** **/ Alex THOMSON**

- **Architecte :** Finot-Conq
- **Chantier :** Jason Carrington/Neville Hutton (Lymington, Angleterre)
- **Date de lancement :** juillet 2007
- **Longueur :** 18,28 m
- **Largeur :** 5,50 m
- **Tirant d'eau :** 4,50 m
- **Déplacement (poids) :** 8 500 kg
- **Nombre de dérives :** 2
- **Hauteur mât :** 27 m
- **Voile quille :** carbone
- **Surface de voiles au près :** 300 m²
- **Surface de voiles au portant :** 550 m²

***MAISONNEUVE*** **/ Jean-Baptiste DEJEANTY**

- **Architecte :** Finot-Conq
- **Chantier :** Kirié
- **Date de lancement :** 1998
- **Noms précédents du bateau et skippers précédents :** Raphaël Dinelli Armel Le Cléac'h - Sébastien Josse (*VMI*) - Thomas Coville (*Sodebo*)
- **Longueur :** 18,28 m
- **Largeur :** 5,80 m
- **Tirant d'eau :** 4,50 m
- **Déplacement (poids) :** 8 070 kg
- **Nombre de dérive(s) :** 1
- **Hauteur mât :** 27 m
- **Voile quille :** carbone
- **Surface de voiles au près :** 271 m²
- **Surface de voiles au portant :** 617 m²

***NAUTICSPORT-KAPSCH*** **/ Norbert SEDLACEK**

- **Architecte :** Joubert-Nivelt-Sedlacek
- **Chantier :** Garcia / N. Sedlacek
- **Dates de lancement :** 1995 / 2003
- **Nom précédent du bateau :** Zen, Baume & Mercier, Brother
- **Longueur :** 18,28 m
- **Largeur :** 5,15 m
- **Tirant d'eau :** 4,50 m
- **Déplacement (poids) :** 10 000 kg
- **Nombre de dérives :** 1
- **Hauteur mât :** 24 m
- **Voile quille :** acier
- **Surface de voiles au près :** 248 m²
- **Surface de voiles au portant :** 410 m²

***PAKEA-BIZKAIA*** **/ Unaï BASURKO**

- **Architecte :** Murray-Burns & Dovell
- **Chantier :** Jarkan – Kanga Birtles
- **Date de lancement :** 2005
- **Noms précédents du bateau :** *Pakea*
- **Longueur :** 18,28 m
- **Largeur :** 5,40 m
- **Tirant d'eau :** 4,50 m
- **Déplacement (poids) :** 9 500 kg
- **Hauteur mât :** 25 m
- **Voile quille :** acier
- **Surface de voiles au près :** 280 m²
- **Surface de voiles au portant :** 500 m²

***PAPREC-VIRBAC 2*** **/ Jean-Pierre DICK**

- **Architecte :** Bruce Farr Yacht Design
- **Chantier :** Southern Ocean Marine (Nouvelle-Zélande)
- **Date de lancement :** février 2007
- **Longueur :** 18,28 m
- **Largeur :** 5,80 m
- **Tirant d'eau :** 4,50 m
- **Déplacement (poids) :** +/- 9 000 kg
- **Nombre de dérives :** 2
- **Hauteur mât :** 28,50 m
- **Voile quille :** acier
- **Surface de voiles au près :** 270 m²
- **Surface de voiles au portant :** 560 m²

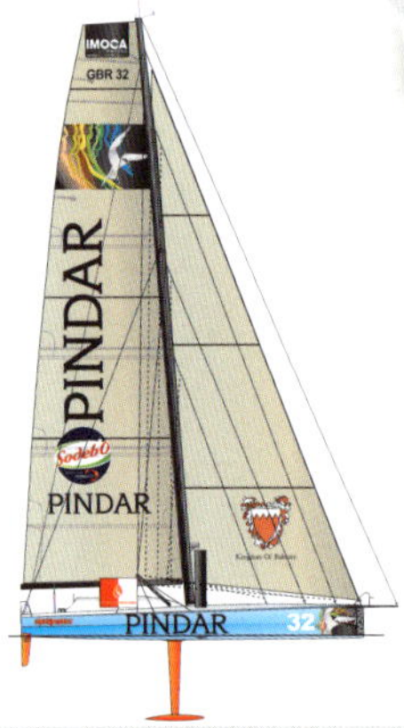


***BAHRAIN TEAM PINDAR*** **/ Brian THOMPSON**

- **Architecte :** Juan Kouyoumdjian
- **Chantier :** Cookson Boats
- **Date de lancement :** juin 2007
- **Longueur :** 18,28 m
- **Largeur :** 6,40 m
- **Tirant d'eau :** 4,50 m
- **Déplacement (poids) :** 10 500 kg
- **Nombre de dérives :** 2
- **Hauteur mât :** 30 m
- **Voile quille :** acier
- **Surface de voiles au près :** 350 m²
- **Surface de voiles au portant :** 640 m²

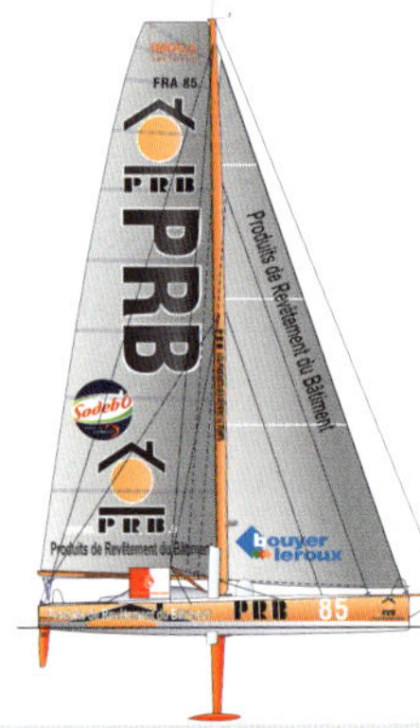


***PRB*** **/ Vincent RIOU**

- **Architecte :** Bruce Farr Yacht Design
- **Chantier :** CDK Technologies
- **Date de lancement :** septembre 2006
- **Longueur :** 18,28 m
- **Largeur :** 5,85 m
- **Tirant d'eau :** 4,50 m
- **Déplacement (poids) :** 8 500 kg
- **Nombre de dérives :** 2
- **Hauteur mât :** 27 m
- **Voile quille :** acier
- **Surface de voiles au près :** 300 m²
- **Surface de voiles au portant :** 500 m²

***ROXY*** **/ Samantha DAVIES**

- **Architecte :** Finot-Conq
- **Chantier :** MAG France Fontenay-le-Comte
- **Date de lancement :** mai 2000
- **Nom précédent du bateau et skippers précédents :** *PRB* (Vincent Riou et Michel Desjoyeaux)
- **Longueur :** 18,28 m
- **Largeur :** 5,40 m
- **Tirant d'eau :** 4,50 m
- **Déplacement (poids) :** 9 000 kg
- **Nombre de dérives :** 2
- **Hauteur mât :** 26 m
- **Voile quille :** acier
- **Surface de voiles au près :** 280 m²
- **Surface de voiles au portant :** 540 m²

*SAFRAN* / Marc GUILLEMOT

- **Architecte :** VPLP-Verdier
- **Chantier :** Larros – Thierry Eluère
- **Date de lancement :** août 2007
- **Longueur :** 18,28 m
- **Largeur :** 5,60 m
- **Tirant d´eau :** 4,50 m
- **Déplacement (poids) :** 8 000 kg
- **Nombre de dérives :** 2
- **Voile quille :** carbone
- **Surface de voiles au près :** 300 m²
- **Surface de voiles au portant :** 570 m²

***TEMENOS II*** **/ Dominique WAVRE**

- **Architecte :** Owen Clarke Design
- **Chantier :** Southern Ocean Marine (Nouvelle-Zélande)
- **Date de lancement :** septembre 2006
- **Longueur :** 18,28 m
- **Largeur :** 5,50 m
- **Tirant d´eau :** 4,50 m
- **Déplacement (poids) :** 8 500 kg
- **Nombre de dérives :** 2
- **Hauteur mât :** 28 m
- **Voile quille :** carbone
- **Surface de voiles au près :** 330 m²
- **Surface de voiles au portant :** 600 m²

**TOE IN THE WATER / Steve WHITE**

- **Architecte :** Finot-Conq
- **Chantier :** JMV Cherbourg
- **Date de lancement :** mai 1998
- **Noms précédents du bateau :** *Gartmore, Pindar, Objectif 3*
- **Longueur :** 18,28 m
- **Largeur :** 5,60 m
- **Tirant d´eau :** 4,50 m
- **Déplacement (poids) :** 9 000 kg
- **Hauteur mât :** 25 m
- **Voile quille :** carbone
- **Surface de voiles au près :** 246 m²

***VEOLIA ENVIRONNEMENT*** **/ Roland JOURDAIN**

- **Architecte :** Marc Lombard / Eric Levet modifié par Juan Kouyoumdjian
- **Chantier :** JMV Industries
- **Date de lancement :** avril 2004
- **Nom précédent du bateau et skipper précédent :** *Sill* (Roland Jourdain)
- **Longueur :** 18,28 m
- **Largeur :** 5,50 m
- **Tirant d´eau :** 4,50 m
- **Déplacement (poids) :** 9 500 kg
- **Hauteur mât :** 27,50 m
- **Voile quille :** acier
- **Surface de voiles au près :** 290 m²
- **Surface de voiles au portant :** 590 m²

*FONDATION OCÉAN VITAL* / Raphaël DINELLI

- **Architecte :** Nandor Fa
- **Chantier :** Fa Ayo
- **Date de lancement :** 1996
- **Nom précédent du bateau :** *Akena*
- **Longueur :** 18,28 m
- **Largeur :** 5,90 m
- **Tirant d´eau :** 4,50 m
- **Déplacement (poids) :** 11 500 kg
- **Nombre de dérives :** 2
- **Hauteur mât :** 26,50 m
- **Voile quille :** carbone
- **Surface de voiles au près :** 240 m²
- **Surface de voiles au portant :** 350 m²

***VM MATÉRIAUX*** **/ Jean LE CAM**

- **Architecte :** Marc Lombard
- **Chantier :** JMV, Cherbourg
- **Date de lancement :** avril 2004
- **Nom précédent du bateau et skipper précédent :** *Bonduelle* (Jean Le Cam)
- **Longueur :** 18,28 m
- **Largeur :** 5,30 m
- **Tirant d´eau :** 4,50 m
- **Déplacement (poids) :** 8 400 kg
- **Nombre de dérives :** 2
- **Hauteur mât :** 27 m
- **Voile quille :** carbone
- **Surface de voiles au près :** 270 m²
- **Surface de voiles au portant :** 380 m²

# Vendée Globe 1989-1990

## Une grande course est née

Les Sables-d'Olonne, le 26 novembre 1989. Treize skippers envahis d'un sentiment trouble, subtil mélange d'appréhension et d'excitation, s'affairent sur leurs bateaux. Ultimes vérifications avant d'aller faire le grand tour en solitaire de toutes les mers. Parmi eux, des compétiteurs, des étrangers et des postulants à la grande aventure maritime : *« Une belle brochette de fous naviguant sur des drôles de machines »*, résume Titouan Lamazou, qui va imprimer son sillon sur cette première édition ouverte aux pionniers, aux vrais défricheurs d'océans. Cent neuf jours et 24 000 milles plus tard - à la barre d'*Écureuil d'Aquitaine II*, un plan Bouvet-Petit dernier cri le Béarnais, tantôt artiste-peintre, tantôt voyageur-navigateur, franchit la ligne d'arrivée en grand vainqueur. Depuis le troisième jour de la course, depuis le cap Finisterre, il ouvre la marche de la flotte. La rage de vaincre ne le laissera jamais tomber. Les océans se chargeront, eux, de ralentir ou d'éliminer un à un ses concurrents, à l'image de Philippe Jeantot. En prise avec son vit-de-mulet cassé, le grand initiateur de ce premier Vendée Globe perd du terrain. Il connaît ensuite le marasme météorologique au passage du pot au noir.

**Titouan Lamazou : « Pendant trois ou quatre ans, le Vendée Globe a été ma vie ; depuis dix ans, il en fait partie »**

Dans le sillage du premier vainqueur, de retour aux Sables-d'Olonne, suit *Lada-Poch III* de Loïck Peyron. Le Baulois, le surdoué du multicoque, boucle trente heures plus tard un tour du monde exemplaire, avec à la clé le sauvetage de Philippe Poupon, dont le ketch, *Fleury Michon X*, s'est mis sur le flanc dans les quarantièmes. Il s'en est fallu de peu que Loïck, fort de son bonus pour avoir porté assistance au *« Philou de mer »* ne vienne contrecarrer les plans de victoire du *« grignoteur de noisettes »* et de son *Écureuil d'Aquitaine II*. Jusque dans la remontée de l'Atlantique, « P'tit Loch' » colle aux bottes du leader, le menaçant jusqu'au bout. Troisième : Jean-Luc Van den Heede, à la barre de *36.15 Met*, un plan Harlé en alu. Spartiate, ce monocoque est à l'image du budget du « bûcheron des mers », qui a forcé l'admiration de tous dans les soixantièmes. Au pays de ces latitudes extrêmes, le barbu costaud a abattu les milles à la hache au milieu des icebergs. Lui, le prof de mâth-physique de Lorient, lui, l'amateur, a réalisé un réel exploit sur la route des trois caps. Le label « VDH » était né ! Deux mois plus tard, Jean-François Coste, à bord de *Cacharel*, boucle à son tour ce premier Vendée Globe. Pour lui, c'est une victoire : il a vécu son aventure en tête à tête avec le *Pen Duick III* d'Eric Tabarly. Il est le septième homme à terminer sa course à bon port sur les treize candidats au départ. Les six autres ont connu mauvaises fortunes et misères de mer du golfe de Gascogne jusqu'au Grand Sud. Mais cette année, pour cette première grande course, les océans ont finalement plutôt épargné ces pionniers solitaires. Aucun drame irrémédiable ne s'est joué sur la crête des vagues.

*« Le mâtin du départ, on était treize à pas trop savoir où on allait. Là-dedans, il y avait un premier, des classés, des fortunes de mer, des malchanceux et un dernier. Ça, on le savait, et chacun avait tout fait pour être dans la catégorie de ses rêves. Les uns ont réussi, les autres le feront la prochaine fois. Ce qu'on ne savait pas, c'est ce dont personne ne voulait parler. Mais la mer n'a retenu personne, elle a simplement donné.*
*Alors tout est en ordre.* A very good story with a happy end. » (Jean-François Coste).

**CLASSEMENT DE L'ÉDITION 1989-1990**

1 - Titouan Lamazou (Fra, *Écureuil d'Aquitaine II*) :
**109 j 8 h 48' 50"**

2 - Loïck Peyron (Fra, *Lada Poch*) :
**110 j 01 h 18' 06"**

3 - Jean-Luc Van den Heede (Fra, *36.15 Met*) :
**112 j 01 h 14' 00"**

4 - Philippe Jeantot (Fra, *Crédit Agricole IV*) :
**113 j 23 h 47' 47"**

5 - Pierre Follenfant (Fra, *TBS-Charente Maritime*) :
**114 j 21 h 09' 06"**

6 - Alain Gautier (Fra, *Generali Concorde*) :
**132 j 13 h 01' 48"**

7 - Jean-François Coste (Fra, *Cacharel*) :
**163 j 01 h 19' 20"**

**HORS COURSE**

Patrice Carpentier (Fra, *Le Nouvel Observateur*) :
**Avarie de pilote automatique (Malouines)**

Mike Plant (*É-U, Duracell*) :
**Reçoit assistance à l'île Campbell (Nouvelle-Zélande)**

**ABANDONS**

Bertie Reed (AFS, *Grinaker*) :
**Avarie de safran**

Jean-Yves Terlain (Fra, *UAP* :
**Démâtage**

Philippe Poupon (Fra, *Fleury Michon X*) :
**Retournement**

Guy Bernardin (É-U, *O-Kay*) :
**Victime d'une rage de dents**

# Vendée Globe 1992-1993

## L'édition des premiers drames

Suite à la première édition, le Vendée Globe repart toute voiles médiatiques dehors. Aux Sables-d'Olonne, devenu « mer patrie » des plus grands navigateurs solitaires, se bousculent déjà des récidivistes propulsés au rang de grands favoris : Alain Gautier, Loïck Peyron, Philippe Poupon ou encore Jean-Luc Van den Heede. À leurs côtés, de nouveaux postulants – notamment Yves Parlier et Bertrand de Broc – débarquent plein de fougue et de foi face à un beau contingent d'étrangers, dont quelques vétérans du BOC Challenge. À terre, c'est l'engouement populaire, et l'on retrouve Philippe Jeantot, qui a préféré troquer son ciré de skipper pour une veste d'organisateur. La course planétaire peut-être lancée. Un Américain manque malheureusement à l'appel : Mike Plant, de retour pour un deuxième tour, a disparu en mer alors qu'il ralliait les Sables-d'Olonne. La coque de son Coyote retourné est repérée le jour de ce deuxième grand départ, qui voit quatorze impétueux skippers prendre d'assaut la mer. Mauvais présage ?

***Alain Gautier : « Le Vendée Globe n'est certainement pas la course que je préfère, mais c'est sûrement la course qui m'a apporté le plus, sur la vie en général et surtout sur moi-même. »***

Les premiers milles, disputés dans un golfe de Gascogne de fort méchante humeur, seront sans pitié. Les retours précipités au port vendéen, seule escale autorisée par le règlement, se multiplient. Loïck Peyron ne repartira pas, son monocoque prend l'eau de toutes parts. Yves Parlier revient le mât en berne et encaisse déjà la note très salée de dix jours de retard au compteur, quand il reprend le chemin de la course. Mais le pire survient quatre jours après le coup de canon, quand le Britannique Nigel Burgess est retrouvé noyé au large du cap Finisterre, sans doute après avoir été assommé et éjecté par-dessus bord.

Dans cette litanie de mauvaises fortunes de mer, seuls deux concurrents ont pris le rythme et parviennent à s'échapper. Alain Gautier et Bertrand de Broc se livrent une belle régate en tête, à l'heure de dévaler l'Atlantique. Le premier, fort bien accompagné de *Bagages Superior* – son coursier flambant neuf, et le premier d'une longue série en composites signée Finot-Conq – finira par prendre les devants. Plus tard, de Broc, malmené dans les quarantièmes, se recoudra seul la langue en suivant les soins prodigués à distance par le docteur de la flotte, Jean-Yves Chauve. Ses ennuis sont pourtant loin d'être finis, puisqu'il devra rejoindre la Nouvelle-Zélande pour ne pas repartir. Les architectes de son bateau l'ont averti que la quille de son *Groupe LG* (le premier vainqueur du Vendée Globe) menaçait très sérieusement de céder ; il doit renoncer, la mort dans l'âme. Alain Gautier peut caracoler seul devant. Il vire le cap Horn avec trente-six heures d'avance sur Philippe Poupon. Ce dernier démâte à quelques jours de l'arrivée et cède la deuxième place à *VDH*. La moitié des solitaires terminera classée ce grand tour de la planète bleue, course d'endurance qui s'est révélée cette fois intransigeante.

**CLASSEMENT DE L'ÉDITION 1992-1993**

1 - Alain Gautier (Fra, *Bagages Superior*) :
**110 j 02 h 22' 35"**

2 - Jean-Luc Van Den Heede (Fra, *Groupe Sofap-Helvim*) : **116 j 15 h 01' 11"**

3 - Philippe Poupon (Fra, *Fleury-Michon X*) :
**117 j 03 h 34' 24"**

4 - Yves Parlier (Fra, *Cacolac d'Aquitaine*) :
**125 j 02 h 42' 24"**

5 - Nandor Fa (Hon, *K&H Banque Matav*) :
**128 j 16 h 05' 04"**

6 - José de Ugarte (Esp, *Euskadi Europ 93 BBK*) :
**134 j 05 h 04' 00"**

7 - Jean-Yves Hasselin (Fra, *PRB/Solo Nantes*) :
**153 j 05 h 14' 00"**

**HORS COURSE**

Bernard Gallay (C-H, *Vuarnet Watches*) : **double escale pour problème de pilote et de structure du gréement**

**DISPARITION**

Nigel Burgess (G.B, *Nigel Burgess Yacht Brockers*) : **retrouvé noyé dans le golfe de Gascogne**

**ABANDONS**

Vittorio Mallingri (Ita, *Everlast/Neil Pryde Sails*) : **Perte d'un safran**

Bertrand de Broc (Fra, *Groupe LG*) :
**Problème de quille (Nouvelle Zélande)**

Alan Wynne-Thomas (G.B, *Cardiff Discovery*) :
**Raison médicale (Hobart)**

Loïck Peyron (Fra, *Fujicolor III*) :
**Délaminage (Les Sables-d'Olonne)**

Thierry Arnaud (Fra, *Maître Coq/Le Monde de l'Informatique*) :
**Manque de préparation (Les Sables-d'Olonne)**

# Vendée Globe 1996-1997

## Le Globe ne tourne plus rond

Quinze concurrents – plus le *« pirate »* Raphaël Dinelli qualifié trop tard – composent les troupes au départ de la troisième édition. Sur les rangs se côtoient d'abord de grands favoris : le Normand Christophe Auguin double vainqueur du BOC Challenge, son ami québécois Gerry Roufs ou encore l'Aquitain Yves Parlier, qui débarque à la barre d'un 60 pieds futuriste, le premier monocoque construit en carbone et doté d'un mât-aile pivotant. Deux femmes, Isabelle Autissier et Catherine Chabaud, viennent ajouter leur touche féminine parmi de nombreux postulants aux places d'honneur, à l'image d'Éric Dumont ou du récidiviste Bertrand de Broc.

***Christophe Auguin : « La grande aventure du Vendée Globe ne peut risquer la vie de ses acteurs pour devenir l'une des plus belles vitrines des valeurs sportives. »***

Une fois encore en novembre et au départ du grand tour de piste, le golfe grogne. Il cogne même et procède à une première et impitoyable sélection dès les premiers milles. Le Hongrois Nandor Fa et l'amateur basque Didier Munduteguy, victimes d'avaries, sont les premiers à renoncer à la Grande Aventure. D'autres rebroussent aussi rapidement chemin, pour s'élancer lestés de plusieurs jours de retard sur les quatre premiers mercenaires des mers. Yves Parlier, Isabelle Autissier, Christophe Auguin et Gerry Roufs sont partis, eux, de la plus belle manière à la conquête du Sud. Jusqu'à ce que la course reprenne ses droits par élimination, à mesure que ces leaders se rapprochent des latitudes plus hostiles. Aux portes de l'Indien, Christophe Auguin mène la flotte devant Isabelle Autissier, qui va vite se dérouter pour réparer son safran tribord. Quant à Yves Parlier, il a d'abord cassé son étai avant de percuter un growler, puis de briser un safran… et ses espoirs de victoire. Le scénario type du Vendée Globe se répète au moment de planter les étraves dans les eaux mal famées du Grand Sud : un solitaire seul devant, et un groupe de poursuivants plus loin derrière.

Tout en bas, au milieu de nulle part, les solitaires sont confrontés à des vents déchaînés et à une mer démontée. Raphaël Dinelli est le premier à se retourner. Il sera récupéré *in extremis*, par le Britannique Pete Goss, à bord de son 50 pieds. Plus tard, et à quelques heures d'intervalle, Thierry Dubois et l'Anglais Tony Bullimore subiront le même (mauvais) sort. Ils seront, eux, sauvés par les secours australiens. Ces conditions difficiles donnent toute la mesure de la violence intarissable des éléments au passage des solitaires dans le plus grand désert liquide. La plus sombre nouvelle du *« pays de l'ombre »* – comme l'appelle Titouan Lamazou – viendra quand le PC Course, à Paris, réalise que Gerry Roufs ne répond plus. Quatre de ses concurrents auront beau quadriller les flots furieux, le mystère ne s'éclairera que plus de six mois plus tard, quand l'épave de son plan Finot-Conq sera retrouvée au large des côtes chiliennes. Le grand méchant Sud a bel et bien frappé un grand coup. Après cent cinq jours de mer, Christophe Auguin s'impose pourtant avec panache et une semaine d'avance sur ses deux poursuivants, Marc Thiercelin et Hervé Laurent. Sixième et dernière concurrente classée, Catherine Chabaud devient la première femme à boucler ce parcours à hauts risques, à l'issue d'un cru difficile qui appellera à un regain de sécurité.

**CLASSEMENT DE L'ÉDITION 1996-1997**

1 - Christophe Auguin (Fra, *Geodis*) :
**105j 20h 31'**

2 - Marc Thiercelin (Fra, *Crédit Immobilier de France*) :
**113j 8h 26'**

3 - Hervé Laurent (Fra, *Groupe LG-Traitmat*) :
**114j 16h 43'**

4 - Eric Dumont (Fra, *Café Legal-Le Goût*) :
**116j 16h 43'**

5 - Pete Goss (G.B, *Aqua Quorum*) :
**126j 21h 25'**

6 - Catherine Chabaud (Fra, *Whirlpool-Europe 2*) :
**140j 04h 38'**

**HORS COURSE**

Isabelle Autissier (Fra, *PRB*) :
**Safran cassé (Cape Town)**

Yves Parlier (Fra, *Aquitaine Innovations*) :
**Safran cassé (Perth)**

**DISPARITION**

Gerry Roufs (Can, *Groupe LG2*)

**ABANDONS**

Bertrand de Broc (Fra, *Votre nom autour du monde/Pommes Rhône Alpes*) :
**Structure + chavirage**

Tony Bullimore (G.B, *Exide Challenge*) :
**Chavirage**

Thierry Dubois (Fra, *Pour Amnesty International*) :
**Chavirage**

Nandor Fa (Hon, *Budapest*) :
**Avarie de quille puis collision avec cargo**

Didier Munduteguy (Fra, *Club 60è Sud*) :
**Bris de mât puis problème de structure**

Raphaël Dinelli (Fra, *Algimouss*) :
**Chavirage (Sud-Ouest de l'Australie)**

Patrick de Radiguès (Bel, *Afibel*) :
**Échouage**

# Vendée Globe 2000-2001

## Le Globe express

En novembre 2000, aux Sables-d'Olonne, terriens et marins ont tous dans leur mémoire iodée le souvenir tragique de la précédente édition du tour du monde en solitaire et sans escale. Et si, depuis quatre ans, les dépressions ont continué de tourbillonner avec la même virulence dans le Grand Sud, de l'eau a coulé sous la carène des 60 pieds Open. Architectes et marins ont en effet cogité et remis les plans sur table pour modifier ou imaginer des monocoques plus stables, moins dangereux pour faire le dos rond sur toutes les houles du monde. Plus sûrs, mais aussi plus pointus et taillés à la mesure du parcours semé d'embûches, entre calmes et tempêtes. En 2000, le Vendée Globe tourne une page : place à la régate de dimension planétaire. Pour preuve, entre autres : l'équipe Yves Parlier/ *Aquitaine Innovations*, le binôme Michel Desjoyeaux/ *PRB* ou encore la paire Roland Jourdain/ *Sill Matines La Potagère*. Et c'est compter sans les troupes britanniques, avec notamment la petite (mais tenace) Ellen MacArthur fort bien accompagnée de son *Kingfisher* et le redoutable circumnavigateur Mike Golding (*Team Group 4*)... Tout ce beau monde compose un plateau somptueux, riche de ses vingt-quatre personnalités venues de tous horizons et des quatre coins de la planète (Russie, Italie, Espagne...). Une planète que le vainqueur Michel Desjoyeaux va enrouler à toute vitesses – en 93 jours et 4 heures – pulvérisant le record établi quatre ans plus tôt par Christophe Auguin.

**Michel Desjoyeaux : « Plus de 90 jours sur ce parcours-là, ça t'apprend beaucoup. Il y a des moments très durs, d'autres géniaux. »**

En duel avec Yves Parlier jusqu'à ce que l'Aquitain démâte, premier ensuite jusqu'à l'arrivée : seuls Roland Jourdain dans le Grand Sud, ensuite Ellen MacArthur dans la remontée de l'Atlantique sont en effet parvenus à inquiéter Michel Desjoyeaux. Pas de mystère, l'expert solitaire, le soliste virtuose, n'a laissé aucune fausse note dans son sillage, hissant toujours haut sa devise : « *Pour gagner, il faut d'abord finir*. » Doser et composer entre vitesse et sagesse, telle était sa recette pour mériter tous les honneurs d'une édition marquée par la clémence des éléments aux pays des cinquantièmes. Pourtant, le Vendée Globe s'est encore une fois révélé comme une course d'endurance, intransigeante, impitoyable pour certains - Golding, Stamm, Dubois, Chabaud... - condamnés à faire escale, ou à renoncer. Mais comme lors de la toute première édition, la magie a bel et bien fonctionné. Toute la flotte est rentrée – classée ou non – à bon port. Les océans n'ont finalement retenu personne. Mieux encore, en toile de fond de la compétition menée au plus haut niveau, l'aventure humaine a écrit certaines de ses plus belles pages et offert ses héros. Entre « l'extraterrestre (ou extra-marin) Yves Parlier, qui s'est transformé en Robinson Crusoé pour se doter d'un gréement de fortune, et la petite Ellen MacArthur, talentueuse et touchante deuxième dans le sillage de Mich' Desjoyeaux, le tour du monde en solitaire et sans escale a levé le voile sur les plus belles figures actuelles du grand large. Du sport, de l'aventure, de l'émotion qui coule à flots, le cru 2000-2001 n'a finalement manqué de rien. « *Happy end* », et vivement le prochain !

**CLASSEMENT DE L'ÉDITION 2000-2001**

1 - Michel Desjoyeaux (Fra, *PRB*) :
**93 j 3 h 57' 32"**

2 - Ellen Mac Arthur (G.B, *Kingfisher*) :
**94 j 4 h 25' 40"**

3 - Roland Jourdain (Fra, *Sill Matines La potagère*) :
**96 j 1 h 2' 33"**

4 - Marc Thiercelin (Fra, *Active Wear*) :
**102 j 20 h 37' 49"**

5 - Dominique Wavre (Sui, *Union bancaire privée*) :
**105 j 2 h 45' 12"**

6 - Thomas Coville (Fra, *Sodebo*) :
**105 j 7 h 24'**

7 - Mike Golding (G-B, *Team Group 4*) :
**110 j 16 h 22'**

8 - Bernard Gallay (Fra-Sui, *Voilà.fr*) :
**111 j 16 h 7' 11"**

9 - Josh Hall (G-B, *Gartmore*) :
**111 j 19 h 48' 2"**

10 - Joé Seeten (Fra, *Nord-Pas-de-Calais Chocolats du Monde*) : **115 j 16 h 46' 50"**

11 - Patrice Carpentier (Fra, *VM Matériaux*) :
**116 j 00 h 32' 48"**

12 - Simone Bianchetti (Ita, *Aquarelle.com*) :
**121 j 1 h 28'**

13 - Yves Parlier (Fra, *Aquitaine Innovations*) :
**126 j 23 h 36'**

14 - Didier Munduteguy (Fra, *DDP 60e Sud*) :
**135 j 15 h 17' 55"**

15 - Pasquale de Gregorio (Ita, *Wind Telecommunicazioni*) : **158 j 2 h 37' 25"**

**HORS COURSE**

Catherine Chabaud (Fra, *Whirlpool*) :
**Démâtage**

Thierry Dubois (Fra, *Solidaires*) :
**Problèmes électroniques**

Raphaël Dinelli (Fra, *Sogal Extenso*) :
**Avarie de safran**

**ABANDONS**

Fedor Konioukhov (Rus, *Modern University for the Humanities*)

Javier Sanso (Esp, *Old Spice*)

Éric Dumont ( (Fra, *Euroka Un Univers de Services*) :
**Avarie de safran**

Richard Tolkien (G-B) :
**Avarie de gréement**

Bernard Stamm (Sui, *Armor-Lux/Foies Gras Bizac*) :
**Avarie de barre et de pilote automatique**

Patrick de Radiguès (Bel, *Libre Belgique*) :
**Échouage sur les côtes portugaises**

# Vendée Globe 2004-2005

## Un final haletant

Les régatiers du Globe mènent leurs machines à des rythmes incroyables, et le tempo est donné dès les premiers milles. Le temps n'est plus à la gestion du long terme, mais à prendre l'ascendant au coup de canon avec des monocoques qui ont encore gagné en potentiel…
Le vainqueur Vincent Riou n'a jamais eu un moment de répit avec un Jean Le Cam particulièrement incisif : moins de sept heures d'écart après quatre-vingt-sept jours de mer !
Il reste encore des hommes (et deux femmes) pour qui le tour du monde en course et en solitaire est avant tout une aventure, mais ils savent désormais qu'ils (et elles) ne jouent définitivement plus dans la même cour que les skippers formés à la tactique rapprochée et au combat de coques… Et si les émotions transpirent dorénavant plus en queue de peloton qu'en tête de course, le mâtch a pris des allures de sprint, surtout avec un golfe de Gascogne de bonne humeur : une petite brise portante, avec juste une rapide dépression au cap Finisterre, et un bon alizé portugais pour parer les Canaries au bout de quatre jours, puis l'équateur après à peine dix jours ! Mais les dégâts collatéraux sont redoutables : seuls six solitaires se sont extirpés rapidement du pot au noir et s'échappent inexorablement… Et même dans ce pack de tête, la sanction de Sainte-Hélène frappe comme un couperet : l'anticyclone crée une césure qui mettra des milliers de milles à se cicatriser.

***Le vainqueur Vincent Riou n'a jamais eu un moment de répit avec un Jean Le Cam particulièrement incisif : moins de sept heures d'écart après 87 jours de mer !***

Ainsi, alors qu'ils approchent du cap de Bonne-Espérance, Vincent Riou et Jean Le Cam naviguent à vue après 6 000 milles de course ! Les deux compères ont fait le trou avec plus de 300 milles d'avance sur le duo Roland Jourdain et Sébastien Josse, Mike Golding étant déjà relégué à une journée et demie… alors que le peloton concède plus de quatre jours ! Et la punition est encore plus cinglante quand les leaders entrent dans les quarantièmes rugissants : la seule option des poursuivants est de cravacher pour combler le retard et *« ça passe ou ça casse »*… Alex Thomson est le premier à abandonner à Cap Town, Roland Jourdain tire tellement sur sa machine que sa quille part à vau-l'eau, l'obligeant à se dérouter vers la Nouvelle-Zélande… Seul Mike Golding est revenu sur Sébastien Josse, mais le Pacifique offre des décors glaciaires qui ont raison du jeune skipper : il percute un growler qui rompt son bout-dehors ce qui le pénalise jusqu'à l'arrivée. En tête, le tandem joue au Yo-Yo au classement et sur la route, jusqu'au cap Horn qui, théoriquement, libère les corps et les esprits…

L'Atlantique Sud en décide bien autrement quand il enferre Jean Le Cam dans la nasse de son anticyclone, alors que Vincent Riou doit désormais surveiller son rétroviseur où apparaît Mike Golding ! La flotte est dispersée comme jamais puisque lorsque le trio leader franchit le pot au noir pour la seconde fois, Karen Leibovici n'a pas encore traversé la moitié du Pacifique ! Et c'est l'hécatombe des quilles, puisque après Roland Jourdain arrête à Hobart en Tasmanie, Nick Moloney se détourne vers le Brésil et Mike Golding termine aux Sables sans lest… Le final en tête n'en est que plus intense, mais *PRB* s'offre une deuxième fois la victoire, cette fois avec Vincent Riou, en pulvérisant de près de six jours le temps de référence ! Jules Verne, déjà bousculé par les multicoques en équipage, est ébranlé par les monocoques en solitaire : 12,73 nœuds de moyenne pendant 26 714 milles…

## CLASSEMENT DE L'ÉDITION 2004-2005

1 – Vincent Riou (Fra, *PRB*) :
**87 j 10 h 47'**

2 – Jean Le Cam (Fra, *Bonduelle*) :
**87 j 17 h 20'**

3 – Mike Golding (G-B, *Ecover 2*) :
**88 j 15 h 15'**

4 – Dominique Wavre (Sui, *Temenos*) :
**92 j 17 h 13'**

5 – Sébastien Josse (Fra, *VMI*) :
**93 j 17 h 13'**

6 – Jean-Pierre Dick (Fra, *Virbac-Paprec*) :
**98 j 03 h 49'**

7 – Conrad Humphreys (G.B, *Hellomoto*) :
**104 j 14 h 32'**

8 – Joé Seeten (Fra, *Arcelor-Dunkerque*) :
**104 j 23 h 02'**

9 – Bruce Schwab (É-U, *Ocean Planet*) :
**109 j 19 h 58'**

10 – Benoît Parnaudeau (Fra, *Max Havelaar-Best Western*) : **116 j 01 h 06'**

11 – Anne Liardet (Fra, *Roxy*) :
**119 j 09 h 28'**

12 – Raphaël Dinelli (Fra, *Akena Vérandas*) :
**125 j 04 h 07'**

13 – Karen Leibovici (Fra, *Benefic*) :
**126 j 08 h 02'**

## HORS COURSE

Marc Thiercelin (Fra, *Pro-Form*) :
**Problèmes techniques, arrêt en Nouvelle-Zélande**

Patrice Carpentier (Fra, *VM Matériaux*) :
**Bôme cassée, arrêt en Nouvelle-Zélande**

## ABANDONS

Roland Jourdain (Fra, *Sill & Veolia*) :
**Problèmes de quille, arrêt à Hobart, Tasmanie**

Alex Thomson (*Hugo Boss*), trou dans le pont :
**Arrêt à Cap Town**

Nick Moloney (*Skandia*) :
**Perte de la quille, arrêt au Brésil**

Hervé Laurent (*UUDS*) :
**Problème de safran, arrêt à Cap Town**

Norbert Sedlacek (*Brother*) :
**Problèmes de quille, arrêt à Cap Town**

# A

**ABATTRE** *(to bear away)* : Manœuvrer pour quitter sa route en s'éloignant de la direction du vent.
**ADONNER** *(to lift, to veer aft)* : Rotation du vent de l'avant vers l'arrière. Le vent adonne lorsqu'il devient plus favorable pour la route idéale du voilier.
**ALLURES** *(points of sail)* : Configuration et angle de route d'un voilier par rapport à la direction du vent.
**AMURE** *(tack)* : L'amure désigne le côté du bateau qui reçoit le vent en premier.
**ARISER** *(to reef)* : Prendre un ou plusieurs ris (*Reefs*) dans une voile c'est-à-dire diminuer la surface de voile.

# B

**BÂBORD** *(port)* : Partie située à gauche d'un voilier pour un observateur regardant vers l'avant.
**BÂBORD AMURE** *(port tack)* : Un voilier bâbord amure reçoit le vent par la gauche du navire.
**BALLAST** *(ballast)* : Compartiment ou réservoir servant de lest d'équilibrage en étant rempli ou vidé d'eau.
**BARRE** *(tiller)* : Pièce servant à commander le gouvernail.
**BARRE D'ÉCOUTE DE GRAND-VOILE** *(mainsheet traveller)* : Rail transversal sur lequel se déplace le palan de l'écoute de grand-voile.
**BARRE DE FLÈCHE** *(spreader)* : Pièce du gréement reliée au mât et écartant les haubans qui tiennent le mât.
**BASTAQUE** *(runner)* : Hauban mobile situé en arrière du mât.
**BÔME** *(boom)* : La bôme est un espar perpendiculaire au mât qui tend le bord inférieur de la grand-voile.
**BORDER** *(to harden sheets, to sheet in, to trim on)* : Reprendre de l'écoute d'une voile.
**BORDURE** *(foot)* : Côté inférieur d'une voile.
**BOUT** *(rope)* : Morceau de cordage.
**BOUT-DEHORS** *(boomsprit)* : Espar à l'avant du voilier permettant d'établir une voile devant l'étrave.

# C

**CADÈNE** *(u-bolt)* : Pièce fixée au pont ou à la coque d'un voilier sur laquelle est fixé un hauban.
**CAP** *(heading)* : Direction que prend le voilier par rapport au nord.
**CAPE** *(lying to)* : Prendre la cape *(to lie to)* c'est manœuvrer pour sauvegarder le voilier dans le mauvais temps.
**CAPELER** : Fixer, attacher solidement au moyen d'un cordage .
**CHARIOT DE GRAND-VOILE** *(mainsheet traveller)* : Chariot qui coulisse sur la barre d'écoute et sur lequel est fixé le palan d'écoute de grand-voile.
**CHAVIRER** : Un bateau chavire quand il se renverse sur le côté sous l'effet d'une vague violente ou d'un coup de vent, avec une inclinaison telle qu'il reste couché sur le côté.
**CHOQUER** *(to ease off)* : Relâcher la tension d'un cordage.
**CHUTE D'UNE VOILE** *(leech)* : Côté arrière d'une voile.
**COCKPIT** *(cockpit)* : Espace creux sur l'arrière du voilier où se tient le barreur et où l'on peut régler les voiles.
**CODE ZÉRO** : Voile d'avant, qui est un grand génois
**COMPAS** *(compass)* : Boussole en langage maritime.

# D

**DÉFERLANTE** *(breaker)* : Grosse vague qui déferle en roulant.
**DÉLAMINAGE** *(delaminate)* : Décollement des différentes peaux et matériaux composant les matières composites.
**DÉMÂTER** *(dismast)* : Perdre le mât suite à une avarie.
**DÉPLACEMENT** *(displacement)* : Valeur du poids du volume d'eau déplacé par un bateau.
**DÉRIVE** *(drift)* : Déviation latérale d'un voilier par rapport à sa route définie.
**DÉRIVE** *(daggerboard)* : Aileron vertical qui descend sous la coque d'un voilier afin de réduire la dérive d'un voilier.
**DRISSE** *(halyard)* : Manœuvre courante destinée à l'installation d'une voile ou d'une vergue. Sert à hisser la voile. Chaque voile possède sa propre drisse.

# E

**ÉCOUTE** *(sheet)* : Cordage servant à régler une voile.
**EMPANNER** *(to gybe)* : Action de changer d'amure en passant par le vent arrière.
**ENCALMINÉ (être)** *(to be encalmed)* : Un voilier encalminé est pris dans une zone sans vent.
**ENROULEUR** *(roller furler)* : Système mécanique tournant fixé autour de l'étai permettant d'enrouler tout ou partie d'une voile d'avant.
**ENVOYER** *(to send aloft)* : Terme utilisé pour parler des voiles qu'on hisse.
**ÉPISSURE** *(splice)* : Tressage d'un cordage sur lui-même ou avec un autre afin de former une boucle ou une liaison.
**ETA** *(ETA)* : Abréviation de *estimated time of arrival*. Heure estimée d'arrivée.
**ÉTAI** *(stay, forestay)* : Hauban situé le plus à l'avant.
**ÉTARQUER** *(to harden up )* : Raidir.
**ÉTRAVE** *(bow)* : Avant du bateau.

# F

**FASEYER** *(to lift, to shiver)* : Voile qui flotte en recevant le vent sur les deux côtés.
**FOC** *(jib)* : Chacune des voiles d'étai triangulaires, établies en avant du mât.

# G

**GALHAUBAN** *(intermediate shroud)* : Hauban latéral pris en tête de mât.
**GENNAKER** *(gennaker)* : Voile d'avant réservée aux allures portantes.
**GÉNOIS** *(genoa)* : Foc de grande taille.
**GÎTE** *(heeling)* : Inclinaison du navire sur un bord.
**GMT** *(GMT)* : *greenwich meridian time*, heure au méridien de Greenwich qui sert d'heure de référence ou d'origine. On dit aussi heure TU, soit Temps Universel *(UT universal time)*.
**GOUVERNAIL** *(rudder)* : Ensemble du dispositif permettant de diriger le voilier.
**GPS** *(global positioning system)* : Système de positionnement par satellite.
**GRAND-VOILE** *(mainsail)* : Voile principale située en arrière du mât.
**GRÉEMENT** *(rigging)* : Tout ce qui contribue à la propulsion vélique d'un voilier.
**GRÉÉMENT COURANT** *(running rigging)* : Partie mobile du gréement permettant d'envoyer et de régler la voilure, notamment de maintenir le mât.
**GUINDANT** *(luff)* : Côté avant d'une voile triangulaire.

# H

**HALE-BAS** *(boom vang)* : Système permettant de tirer vers le bas la bôme de grand-voile afin de la raidir.
**HAUBAN** *(shroud)* : Câble assurant la tenue du mât.
**HOOK** *(hook)* : Système de crochet auquel sont suspendues des têtières de voile en tête de mât.

# I

**ISAF** *(ISAF)* : International sailing federation, fédération internationale de voile.

# J

**JAUGE** *(rating rule)* : Ensemble de règles qui précisent le cadre technique dans lequel doit s'inscrire un voilier de course.

# L

**LIGNE DE FLOTTAISON** : La ligne de flottaison est la trace sur la coque de la surface de flottaison.
Elle marque la séparation entre la carène, ou œuvres vives, et les œuvres mortes.
**LOF (Partir au lof)** *(to broach)* : Brusque remontée dans le vent.
**LOFER** *(to luff up)* : Manœuvrer pour se rapprocher de la direction du vent.
**LONGUEUR HORS-TOUT** : C'est la plus grande longueur du bateau, elle inclut le bout-dehors.
**LOUVOYAGE** *(tacking)* : Navigation effectuée en tirant des bords afin de remonter dans la direction du vent (au près).

# M

**MATOSSER** *(tacting gear)* : Action de déplacer le matériel de bord ou les voiles vers le bord au vent du voilier afin de diminuer l'angle de gîte.
**MÈCHE DE GOUVERNAIL** *(rudder stock)* : Axe de la partie mobile du gouvernail.
**MILLE MARIN OU NAUTIQUE** *(nautical mile)* : Unité de distance maritime égale à 1 852 mètres.
**MOLLE** *(slack)* : Désigne une zone sans vent.
**MOULIN À CAFÉ** *(coffee grinder)* : Pièce d'accastillage constituée d'une colonne reliée à un winch. Ce système démultiplié développe une forte puissance et permet ainsi de régler les voiles.

# N

**NŒUD** *(knot)* : Unité de mesure de la vitesse en navigation. Un nœud correspond à un mille nautique parcouru en une heure.

# O

**ORTHODROMIE** *(great circle sailing)* : Route la plus courte pour se rendre d'un point à un autre.
**OUTRIGGER** : Ce sont des barres de flèche posées sur le pont soutenant le mât et le gréement des Imoca 60'.

# P

**PASSE-COQUE** *(sea-cock)* : Tube traversant la coque et permettant de positionner les capteurs des instruments de navigation.
**PATARAS** *(backstay)* : Hauban arrière soutenant le mât et symétrique à l'étai.
**PIANO** *(piano)* : Ensemble des bloqueurs situés dans le cockpit et permettant de régler les différents cordages du voilier.
**POT AU NOIR** *(doldrums)* : Zone des calmes équatoriaux de l'Atlantique située de part et d'autre de l'équateur. C'est une zone de forte chaleur où alternent des calmes et des grains violents.
**POUPE** *(stern)* : Arrière d'un voilier.
**PRÈS** : Allure la plus rapprochée du vent.
**PROUE** *(bow)* : Avant d'un bateau.

# R

**REFUSER** *(to head)* : Changement de direction du vent défavorable à la marche du voilier.
**RETS** : Filet de vent
**RIS** *(reef)* : Système pour diminuer la surface d'une voile.

# S

**SAFRAN** *(rudder)* : Partie articulée et immergée du gouvernail.
**SOLENT** *(solent)* : Sorte de foc.
**SPINNAKER** *(spinnaker)* : Voile d'avant envoyée aux allures portantes.

# T

**TANGON** *(boom)* : Long espar placé plus ou moins transversalement en dehors du navire et servant à écarter les écoutes des voiles d'avant (génois ou spinnaker).
**TIRER DES BORDS** *(to tack)* : Naviguer en virant souvent de bord afin, soit de remonter au vent (près) soit, afin d'optimiser la vitesse du voilier en tirant des bords de largue au lieu de naviguer au vent arrière.
**TOURMENTIN** *(storm-jib)* : Petite voile d'avant utilisée en cas de tempête.
**TRAVERS** : Côté, tribord ou bâbord, d'un navire.
**TRIBORD** *(port)* : Partie située à droite d'un voilier pour un observateur regardant vers l'avant.
**TRIBORD AMURES** *(starboard tack)* : Un voilier tribord amure reçoit le vent par la droite du navire.
**TRINQUETTE** *(staysail)* : Voile d'avant établie sur le bas étai en arrière du foc.
**TU** *(UT)* : Abréviation de temps universel.

# V

**VENT (au)** *(to windward)* : Tout ce qui reçoit le vent en premier est au vent.
**VENT (sous le vent)** *(to leeward)* : Tout ce qui ne reçoit pas le vent en premier.
**VENT APPARENT** *(apparent wind)* : Vent relatif résultant de la vitesse du navire et du vent vrai.
**VENT ARRIÈRE** *(running)* : Allure à laquelle un voilier reçoit le vent sur son arrière.
**VENT DEBOUT** *(wind ahead)* : Un voilier est vent debout lorsqu'il est face au vent.
**VENT VRAI (ou réel)** *(true wind)* : Direction réelle du vent.
**VIREMENT** *(tack)* : Changement d'amure et de bord des voiles.
**VIRER** *(to tack)* : Effectuer un virement de bord.
**VIT-DE-MULET** *(gooseneck)* : Rotule qui permet la liaison et la rotation de la bôme avec le mât.
**VMG** *(VMG)* : Abréviation de *velocity made good*, désigne littéralement la « vitesse dans le bon sens ».
Il s'agit de la projection du vecteur vitesse sur la route idéale, et donc la vitesse réelle sur cette route.

# W

**WINCH** *(winch)* : Treuil permettant d'étarquer (de tendre) les cordages à bord d'un voilier.

# Remerciements Éditeur

**Mer & Media tient à remercier la SEM Vendée, organisateur du Vendée Globe et tous ceux qui ont participé directement ou indirectement à la réalisation de cet ouvrage :**

André-Paul Audo, Claude Bertrac, Pierre-François Bonneau, René Boulaire, Dominic Bourgeois, Pierre-Louis Castelli, Jean-Yves Chauve, François Chevalier, Scott Coupé, Camille El Bèze, Jean-Baptiste Épron, Vincent Esnaud, Laure Fay, Aurélie Feuvrier, Liliane Fretté, Helen Fretter, Alain Gautier, Yann Groleau, Denis Horeau, Mathias Lallemand, Loïc Le Bras, Arnaud Letrésor, Sylvain Mondon, Frédéric Ottenhof, Jeremy Payne, Erwan Riquier, Andi Robertson, Cathy Sibot, Richard Silvani, Véronique Teurlay, Fabrice Thomazeau, Guillaume Verdon, Sylvie Viant, Jean-Christophe Villégier et Laurent Yonker

# Remerciements Conseil Général

**Le Conseil général de la Vendée tient à remercier :**

La Ville des Sables d'Olonne, La sociéte Sodebo, partenaire privé de l'édition 2008-2009, la chambre de commerce et d'industrie de la Vendée.
Les skippers et leurs sponsors.
La Fédération française de voile.
L'Imoca, l'UNCL, CLS, Zodiac, SNSM, Cougnaud, Mat Misaine,
L'Australie, Le Chili, l'Argentine et l'ISAF.

**Nous remercions également les entreprises vendéennes qui ont soutenu ce projet et qui ont ainsi contribué au succès de cette édition :**

les entreprises actionnaires de la SAEM Vendée : la SA Arrivé, l'Association des entreprises des Olonnes, l'Association des magasins U de Vendée, la SA Atlantic, la SA Atlantic Média, la SA Bénéteau, la Caisse fédérale du Crédit mutuel Océan, la Caisse régionale du Crédit agricole mutuel Atlantique Vendée, la Caisse régionale du Crédit maritime mutuel de Vendée, la Chambre des Métiers, la SAS Chantier Alubat, la SA Crédit industriel de l'Ouest, la SA Diffusion nationale du livre, Gautier France SA, la société des Établissements Bougro-Sodebo, la SA Fleury Michon, la SA Groupe Dubreuil, la SA Groupe Papin, la SA Horo-Quartz, la Laiterie de Montaigu-SAS Sabourin, la SA Ponroy Santé, la SA PRB, la SAS Rougie Bizac International, la SA Graveleau, la SAS Bégéfi, la SAS Monts-Fournil, la SAS SEG Samro, la SARL VMI Communications, la SA VM Matériaux et la SA Yves Cougnaud.

**Nous remercions enfin toutes les personnes qui ont, par leur participation, permis la réalisation de cet événement,**

Alliaura Marine, les Affaires maritimes, le Comité Local des pêches, le Comptoir de la mer, les Etablissements Ruchaud, Mediatech, Europ Assistance, partenaire santé de la société Mer et Vie, la société Argos, la société Beneteau, le Comité départemental du tourisme, les Cross et Mrcc, la Gendarmerie maritime, l'Institut Sports Océan, la Marine nationale, la société Mumm, l'office de tourisme des Sables-d'Olonne, la SNSM, la société Polypat Vendée, le Sport nautique sablais, Vendée Tech et Virtual Regatta.